COLLECTION SAINT-MICHEL

À VINGT ANS

LA QUESTION DU BONHEUR

Ouvrage honoré de plusieurs approbations épiscopales.

PAR

MADAME E. D'AGUILHON

PARIS

G. TÉQUI, LIBRAIRE-ÉDITEUR

DE L'ŒUVRE DE SAINT-MICHEL
6, RUE DE MÉZIÈRES, 6

1880

LA
QUESTION DU BONHEUR

Paris. — Imp. G. Téqui. 92, rue de Vaugirard.

COLLECTION SAINT-MICHEL

A VINGT ANS

LA QUESTION DU BONHEUR

PAR

MADAME E. D'AGUILHON

PARIS

J. TÉQUI, LIBRAIRE-ÉDITEUR

DE L'ŒUVRE DE SAINT-MICHEL

6, RUE DE MÉZIÈRES, 6

1880

A MARIE

C'est bien ton nom, ma chérie, qu'il me faut placer en tête de ce livre. N'ai-je pas écrit chacune de ces pages, préoccupée de ton frère, et le cœur plein de toi.

Saint-Antonin 1879

PRÉFACE

Ce livre ne m'appartient qu'à demi : Peut-être l'idée de l'écrire ne me serait-elle jamais venue! Je cherchais dans la littérature, principalement dans la poésie, une puissante diversion morale, une sorte d'antidote contre le *mal de l'âme*, rien de plus. Aux amis qui me disaient, dans leur bienveillance : Écrivez donc un livre sérieux! — Je répondais : — Serais-je à la hauteur de l'entreprise? Et pourquoi m'imposer un travail, quand je cherche un délassement? Vous le savez, je me guéris de la triste réalité, par le rêve. Laissez-moi mes faibles ailes dont j'ai tant besoin!

Il y a quelques mois, je reçus de Paris un manuscrit portant ce titre : — *Lectures sérieuses d'une jeune femme.* Le billet suivant l'accompagnait.

« Je vous livre, en ces pages, le fruit de
» mes observations durant quarante années
» de ministère très-actif. Corrigez, suppri-
» mez, ajoutez comme bon vous semblera.
» Publiez ensuite, si vous jugez l'œuvre
» utile. »

Cette fois, la leçon prenait corps, et semblait s'imposer comme une tâche. Jamais autorité plus vénérée ni plus chère ne m'avait, d'ailleurs, insinué cette chrétienne maxime : — « Travailler pour le bien. »

L'auteur du livre confié à mes soins est un saint religieux et un éloquent prédicateur.

Par déférence, mais avec un reste d'hésitation, je me mis à l'étude du manuscrit.

Mon impression fut étrange.

Ces pages me semblaient un écho de moi-même.

J'y retrouvais mes sentiments intimes, tant de réflexions faites au cours de la vie, et d'enseignements laissés au fond de ma pensée par l'épreuve!

Dès lors je me sentis attachée à mon œuvre par un intérêt irrésistible. Je ne retranchai rien, j'ajoutai beaucoup, je commentai plus encore, donnant au livre la forme littéraire qui paraissait mieux lui convenir.

L'assimilation a été, il me semble, complète. Toutefois, si l'on trouve quelque valeur à ce livre, le mérite en doit revenir au saint missionnaire que son humilité retient dans l'ombre.

ÉMILIE D'AGUILHON

1.

PREMIÈRE PARTIE

CONDITIONS DU MARIAGE CHRÉTIEN

LETTRE PREMIÈRE

A Madame Clotilde de S. à Paris

COMMENT SE FAIT UNE PROPOSITION DE MARIAGE —
UNIONS COMMERCIALES — APPORT MUTUEL — BON-
HEUR DOMESTIQUE — SES CONDITIONS : — LIBERTÉ
ÉGALITÉ, SYMPATHIE, OU BIEN : LIBERTÉ, JUSTICE,
AFFECTION. — IMPRUDENCE DES PARENTS. —
AFFECTIONS BRISÉES. — LIBERTÉ DE LA VOCATION.
— DIFFÉRENCE ENTRE LE CÉLIBAT DE L'HOMME ET
CELUI DE LA FEMME. — LA TANTE. — VOCATION
RELIGIEUSE. — MARIAGE SANS VOCATION.

Que dites-vous, Clotilde ? On vous a demandé la
main d'Henriette ? en vérité, ma sœur, c'est bientôt !
Pauvre mignonne que j'ai laissée si petite, si gracieuse, si gaie ! La voilà grandie, la voilà sérieuse !
Déjà la société souhaite s'emparer d'elle afin de
lui imposer sa tâche, une tâche peut-être acca-

blante ! Chère enfant ! tout mon cœur voudrait lui crier avec ma longue expérience de la vie : « Prends garde ! Prends garde ! » .

Mais c'est à vous, sa mère, qu'il faut adresser ce mot.

Oui, Madame, prenez garde ! Soyez *l'éclaireur*. Avant d'accorder votre fille, sachez qui vous remplacera près d'elle, et par quel chemin son guide la conduira dans sa nouvelle existence.

Laissez-moi là-dessus, vous rappeler un trait de saint François de Sales. Consulté par son domestique sur cette question du mariage — « Mon » enfant, lui dit le saint, le mariage est un Ordre » où il faut faire la profession avant le noviciat ; » s'il y avait un an de noviciat et d'épreuves comme » pour la profession dans les monastères, il y aurait » peu de profès. »

Ah ! Clotilde, si notre Henriette allait être au nombre des profès malheureux ?... Que votre expérience fasse donc le *noviciat*. Vous savez à quoi est utilisé dans la vie religieuse, ce temps d'épreuve, de *probation*, pour employer le mot technique ? Il sert à étudier à fond le caractère, les qualités des futurs profès, à juger de leurs aptitudes pour la vie qu'ils souhaitent embrasser. Ainsi devez-vous peser les chances de bonheur pour votre fille dans l'union projetée. Vous reconnaîtrez ces chances à l'harmonie des caractères, à l'uniformité des goûts et des principes, à l'ensemble des qualités, en un mot à *l'apport* moral des deux parties au contrat infrangible qu'elles vont signer.

La mode, il est vrai, n'est pas à tant de précautions et de métaphysique ! On se marie rondement, brutalement, comme on traite une affaire sur la place, soit par intermédiaire, soit pas correspondance, quelquefois par *rencontre*.

Un monsieur quelconque a un fils, un frère, un cousin, un ami à marier. Il en parle au premier venu : — Vraiment, dit celui-ci, j'ai une nièce, une sœur, voire même une fille, disposée à prendre un mari demain. — Quel âge ? Quelle fortune ? — Mais on pourrait très-bien s'entendre !

La-dessus, on s'arrange, en effet. C'est une simple question de gants, de dentelles et de papier timbré.

Je vous sais incapable d'accepter pour Henriette une de ces unions commerciales sans tendresse, sans sympathie, par conséquent sans pudeur, où l'on ne met guère en commun que des sacs d'écus ! Que sera-t-il cet homme dont les billets de banque viennent chercher d'autres billets de banque ? Que sera-t-elle cette femme dont la dot épouse des appointements ? Que peuvent attendre la société et l'Eglise de ces mariages nommés justement la *traite des blanches*.

Est-ce à dire, ma sœur, qu'il soit défendu de songer à la fortune ? Non, car les parents comme les époux ne doivent pas oublier l'avenir de la famille, même au point de vue matériel. La richesse ne fait pas le bonheur, mais elle y contribue ; aujourd'hui, d'ailleurs, elle est une puissance pour répandre le bien autour de soi.

On peut aussi rechercher la beauté, ce don de Dieu si admirable quand il est véritablement le reflet des qualités de l'âme !

Mais ni la beauté ni la richesse ne sauraient être *estimées* au premier chef. Il est une autre considération, matérielle aussi, et bien autrement importante ? celle du *sang*.

« Bon sang ne peut mentir » disaient nos pères. Avec le sang, en effet, se transmettent les traditions d'honneur et les qualités de race. C'est en évitant sous ce rapport toute mésalliance, que certaines familles de la vieille société française, qu'elles appartinsent à la noblesse, à la bourgeoisie ou au peuple, étaient parvenues à rendre héréditaires dans toute leur lignée, durant des siècles, la vertu, l'intelligence, le courage, la force, ou même la beauté.

Eh ! bien songez-y ; notre siècle adonné à la

science positiviste oublie trop, en ce sens, ses propres doctrines. Les siècles spiritualistes et chrétiens redoutaient bien davantage de mêler un sang énergique et pur à un sang affaibli ou souillé, et d'introduire ainsi des germes d'infirmité physique ou de dépravation morale dans une race honnête et forte. L'abandon trop général de ce sage principe n'est pas étranger, croyez-le bien, à la dégénérescence dont se plaignent aujourd'hui tant d'esprits sérieux et observateurs.

Songez à la douleur de voir grandir autour de soi des êtres chétifs et languissants. Ne craignez pas d'envisager pour l'avenir ces deuils que tant de familles imprudentes affrontent pour ainsi dire de gaieté de cœur, en acceptant pour leurs enfants le danger d'un mal héréditaire.

Oui, examinez toutes ces choses, et quand vous serez satisfaite à ces divers points de vue, ne croyez pas votre tâche accomplie. Vous aurez seulement réglé les préliminaires.

Du temps où je vivais dans le monde civilisé, je voyais ceux qui voulaient se construire une demeure, creuser d'abord de bons fondements, élever de solides murailles et les couronner d'une forte charpente. Dès qu'ils avaient terminé cela, leur œuvre, disaient-ils, était à peine ébauchée : Restait le travail intérieur d'aménagement et de décoration qui rend une maison confortable.

Eh ! bien, Madame, considérez-vous comme *l'architecte* du bonheur de votre fille. Quand vous en aurez posé les bases extérieures, en satisfaisant aux convenances de position, quand vous l'aurez entouré de toutes les garanties naturelles d'avenir, restera la question la plus importante, celle du bonheur domestique.

Ah ! me direz-vous, celle-là est dans la main de Dieu, nul ne saurait la déterminer à l'avance.

Cette question est dans la main de Dieu, c'est vrai, mais elle est aussi dans les dispositions réciproques des enfants que vous allez unir ; elle se rattache à des conditions qu'il vous appartient d'exiger ; conditions indispensables, en dehors desquelles tout rêve de bonheur est chimérique. Ce sont les conditions du mariage chrétien. Je les appelle : *Liberté, égalité, sympathie,* ou si vous aimez mieux : *Liberté, justice, affection.*

Bien chère sœur, ne riez pas de ma formule quasi-républicaine. Je suis peut-être un sauvage, mais non pas un révolté. L'Eglise, on ne l'oublie pas au désert plus qu'ailleurs, l'Eglise est la *grande école du respect.* Elle commande à votre fille la déférence, elle réclame de vous, la vigilance, l'examen sérieux, le bon conseil. Henriette apprendra de votre bouche l'importance de l'engagement qu'elle va contracter, vous lui direz ses devoirs ; votre expérience l'éclairera, la portera à réfléchir.

Pour beaucoup de jeunes filles le mariage est une question de cachemires, de dentelles et de diamants; qu'il soit pour Henriette un grand devoir accepté, avec cette devise qui résume la mission de la femme chrétienne, en même temps que son bonheur : *Dévouement, sacrifice* !

Ne craignez pas de tenir à notre chère espiégle ce langage austère: c'est le langage de la raison et celui de la foi. Mais votre rôle accompli, laissez à votre enfant la plus entière liberté ; liberté dans le choix de l'état, liberté dans le choix de la personne, à moins que les mauvais principes avoués ou les vices reconnus du futur n'exigent de votre part une résistance énergique.

A ce propos, laissez-moi vous faire une observation : J'ai vu des familles imprudentes saisir au bond, sans trop regarder d'où elle venait, une proposition de mariage, et mettre aussitôt en rapport les deux futurs. Venait ensuite la question d'intérêt, difficile à régler, pleine de mécomptes ; des deux côtés on regrettait de ne l'avoir pas traitée d'abord. Comprenant l'impossibilité de s'entendre, ils n'osaient rompre tout d'un coup ; on traînait les choses en longueur. On dénouait avec précaution et lenteur *une affaire* trop précipitamment engagée. Pendant ces tergiversations, les jeunes gens conservaient la faculté de se voir, et qui pouvait leur défendre de sympathiser? Quand on venait leur dire : « Tout est rompu, » eux sentaient combien il est difficile et cruel de briser les premiers liens du cœur.

Je vous en prie, n'exposez jamais Henriette à ce déchirement ; n'admettez auprès d'elle aucun prétendant, si bien recommandé soit-il, avant d'avoir traité à fond la question matérielle de position et de dot. C'est le moyen de laisser au sentiment sa liberté et sa délicatesse ; le moyen d'épargner à une jeune âme ce froissement terrible, cette accablante révélation de la vie positive : — La suprématie de l'argent !

Vous ne sauriez croire, d'ailleurs, quelles traces désastreuses laissent parfois au fond du cœur ces affections brisées, et quelle influence elles peuvent avoir sur l'avenir.

Ecoutez : J'ai rencontré, il y a de longues années déja, un ménage très-uni, très-chrétien, très-heureux en apparence. Mais avant de lier leur destinée, les deux futurs avaient subi la plus cruelle des épreuves. Sur des raisons de convenance et de fortune, la volonté de leurs parents les sépara. La jeune fille dut même accepter un autre mariage. Le jeune homme resta libre.

Ne sachant pas s'élever à la hauteur d'un courageux sacrifice, il attendait tous les dimanches, au seuil de l'église, celle qu'il n'avait plus le droit d'aimer, et lui présentait de l'eau bénite, c'est-à-dire le muet témoignage de sa fidélité coupable.

Cela dura des années. Abusés par la délicatesse extérieure de leur faute — faut-il dire aveuglés par leur douleur ? — ils étaient sans remords ; mais quand le veuvage permit à la jeune femme d'épouser celui qui l'avait attendue contre toute espérance, le bandeau se déchira ; leur conscience éclairée tout à coup sur le passé, éleva sa voix dont l'amertume empoisonnait le bonheur présent, et voilait l'avenir de terreurs mystérieuses. Tous deux, — ils me l'ont avoué, — se demandaient chaque matin : — Est-ce aujourd'hui que tombera sur nous le jugement de Dieu ?

Et, sachez-le, cette existence attristée par l'appréhension et le remords, n'est qu'un exemple trop bénin des maux causés dans la famille par des affections cruellement brisées. Hélas ! interrogez les scandales étalés si souvent devant les tribunaux et répercutés par tous les échos de la presse, et vous sentirez mieux la portée de mes observations.

Mais je n'ai pas fini, chère sœur, avec cette condition première de toute union chrétienne. Avant la liberté sur le choix de la personne, quand il s'agit du mariage, il y a la liberté sur le choix de l'état, — il y a *la liberté de la vocation.*

Certains parents, n'entendant pas que leur enfant choisisse sa propre voie, dans la vie, ont formé des plans, ils ont arrangé l'avenir à leur guise ; l'enfant devra se prêter à ces projets, réaliser ces rêves. On ne tiendra compte ni de ses aspirations, ni de ses aptitudes. Chimères que tout cela ! Il faut s'incliner devant les calculs d'une égoïste sagesse.

Ah ! je ne suis point trop sévère, ma sœur, réfléchissez.

Notre société moderne présente aux jeunes filles trois chemins divers : Le mariage, le célibat, la vie religieuse.

Dans combien de familles le célibat se trouve-t-il condamné, flétri, prohibé ?

J'approuve cette condamnation du célibat de l'homme ordinairement stérile pour le bien, fécond pour le mal.

Pour l'homme, le célibat est presque toujours l'idolâtrie du *moi*, le triomphe définitif de l'égoïsme.

Mais le célibat de la femme, j'entends celui de la femme pieuse, c'est toujours le dévouement ; tantôt le dévouement concentré dans la famille, tantôt le dévouement prodigué au dehors dans les œuvres de la charité.

Nos mœurs tendent à supprimer un type aujourd'hui bien rare, autrefois original et charmant : *la tante*, l'ange du foyer, vivante image de l'abnégation personnelle, du bonheur puisé tout entier dans le bonheur d'autrui, de la vie du cœur déversée sans limite, et pour ainsi dire sans retour. Qui ne rencontre dans ses lointains souvenirs quelqu'une de ces douces figures penchées sur la tête blanche du vieillard ou le berceau de l'enfant? Qui n'aime à les revoir par la pensée, couronnées de leur virginale auréole, et rayonnant de leur calme et tendre sourire.

Souvent, ce type de bonté s'accusait en des lignes plus fermes, des allures plus rondes et plus hardies. La *tante* avait les qualités d'une *bonne tête*. A elle la direction du ménage, la vigilance infatigable, la prévoyance qui multiplie les ressources, l'autorité qui maintient la discipline, toutes les attributions de la femme forte, en un mot ; et par surcroît, l'incomparable et secret bonheur de se sentir nécessaire dans la maison, à chacun et à tous.

Combien de fois aussi la *tante* devenait véritablement *mère* par l'adoption de chers orphelins déjà sûrs de sa tendresse. Quelle consolation pour la mère mourante de confier ses bien-aimés à cette sœur restée libre de leur dévouer sa vie ! Quel dédommagement pour les enfants désolés de se réfugier sur ce cœur si bien connu ! Et quelle maternité sereine, douce, puissante, que ces adoptions où la la voix du sang se mêlait aux inspirations de la piété chrétienne !

Entendons-nous, chère sœur. Je ne *prêche* pas le célibat. Je dis seulement que l'on a tort d'en faire un épouvantail, presque une honte. Mieux vaudrait laisser une entière liberté aux jeunes filles, que leur inclination ou des circonstances particulières, appellent à ce genre de vie. Mieux vaudrait leur enseigner à rendre cette vocation féconde par la charité et le dévouement.

J'ai raison, n'est-ce pas, Clotilde, et vous ne sauriez non plus me contredire si j'ajoute : Peu de parents approuvent le célibat de leurs filles ; mais presque tous s'opposent à la vocation religieuse de leur enfant.

Et pourtant cette vocation est un fait, c'est la disposition particulière d'une âme, la condition essentielle de son bonheur, même ici-bas ! C'est la voie, la voie unique où ses facultés personnelles doivent s'épanouir, et donner à elle-même et aux autres tout ce qu'elles peuvent donner !

C'est vraiment une question d'équilibre physique

et moral. Si vous y mettez obstacle, vous gâtez plusieurs existences, car l'être arraché à son milieu souffre, s'étiole, s'irrite, et répand le malaise autour de lui.

« A certaines âmes, il faut les sommets » disait un éloquent évêque[1]. Eh ! bien, oui, il est des âmes vraiment ailées dont chaque aspiration est un élan au-dessus du terre-à-terre. Au contraire, le moindre contact de nos réalités les blesse et les décourage comme l'oiseau captif se meurtrit aux barreaux dorés de sa prison. A ces âmes affamées d'idéal, il faut la Vérité infinie, ou du moins la recherche et la contemplation de cette Vérité. A ces cœurs insatiables et embrasés, il faut la flamme pure, inextinguible d'un amour unique et éternel. Comment les fixer au milieu de nos intérêts mesquins, de nos vanités jalouses, de nos étroits calculs, de nos joies menteuses et de nos affections inconstantes ? Ah ! laissez donc s'envoler vers les mystiques lumières, vers les surnaturelles vertus, ces blanches colombes qui ne veulent rien apprendre du monde que ces mots apportés du Ciel : *Pénitence ! Prière ! Charité !*

---

1. Mgr. de la Bouillerie, prêchant chez les Carmélites de Carcassonne, le jour de la prise d'habit de Mlle G. de L. St-J.

Telle est la vocation religieuse.

Si votre Henriette l'avait, cette vocation, vous n'imiteriez pas, je le sais, les familles imprudentes qui osent disputer au souverain Maître une âme conquise. Combien de victimes de cette égoïste tendresse ! J'ai vu, il y a plusieurs années, une délicate enfant lutter contre la volonté péremptoire des siens qui la destinaient au mariage, tandis qu'elle se sentait faite pour la vie religieuse. Quand je reçus la confidence de sa peine, la pauvre âme était déjà lassée. — « Je céderai, me dit-elle. Heureusement, je suis sûre de mourir.

J'étais pour elle un guide et un consolateur de passage; mes conseils ne pouvaient lui laisser une bien grande énergie. Elle céda, et mourut en effet.

Le courant de ma vie apostolique me ramena auprès d'elle à ses derniers moments. La désolation de ses parents, trop tard désabusés, était vraiment navrante. Mais je n'oublierai jamais le regard en quelque sorte triomphant, et pourtant si humble et si doux, de leur victime. Les larmes répandue s autour d'elle lui inspiraient une compassion profonde; les cris douloureux de sa mère déchiraient ce cœur tendrement filial ; néanmoins sa joie de partir, *de fuir* le joug imposé, restait entière. Son front royonnait d'allégresse jusque dans l'agonie.

J'ai rencontré aussi des natures plus énergiques, moins détachées de la terre, qui tentaient de se résigner, de marcher vaillamment dans leur voie anormale ; beaucoup ont dévié, d'autres ont succombé à la peine ; quelques-unes ont été ravies à leur famille par une de ces morts soudaines où l'on est tenté de voir le doigt de Dieu.

Je ne veux pas vous effrayer, Clotilde, en vous montrant la Providence toujours prête à frapper les parents dans l'objet de leur égoïste tendresse. Avant tout, mes réflexions dérivent de l'observation et de l'expérience. Si je pouvais vous parler ici le langage de la *science positiviste*, vous constateriez combien ses données les plus sûres sont d'accord en ces questions avec l'enseignement chrétien; vous sauriez quels ravages ces mariages sans vocation exercent sur notre génération déjà si affaiblie !

J'ai trop insisté ; pardon. Vous êtes mère, vous souhaitez passionnément le bonheur d'Henriette, et vous m'avez compris. Cela suffit à me rassurer. Cependant je n'ai pas tout dit et le temps me manque aujourd'hui pour vous exposer entièrement ma pensée. Je vous en supplie, chère sœur, attendez ma prochaine lettre.

LETTRE II

Au Révérend Père de S. missionnaire à C. Amérique du Sud

« RASSUREZ-VOUS, JE SUIS LIBRE. » LE RÊVE DEVENU RÉALITÉ. — L'IDÉAL PASSÉ DE MODE. — ON SE RENCONTRE EN VILLEGIATURE. — APPRÉCIÉE? IL LE FAUT. — ADMIRÉE ? A QUOI BON. —

Oh! soyez en effet bien rassuré, cher père ; si la liberté est pour deux fiancés chrétiens la première garantie de bonheur, je serai heureuse, car je me sens parfaitement libre : « Libre dans le choix de l'état, libre dans le choix de l'époux. » — J'emploie vos solennelles expressions. — Libre aussi de prendre le voile ; libre même de coiffer sainte Catherine, si le cœur m'en dit ; mais le cœur ne m'en dit pas. Je ne songeais guère à me marier, non plus. Je ne songeais à rien qu'à jouir du présent, si bon, sans me préoccuper de l'avenir, si lointain! Et voilà

qu'il s'est rapproché tout-à-coup, cet avenir.
« Regarde, m'a-t-il dit, je ne suis plus une chimère
inconstante, un rêve indécis. J'ai pris un corps,
je suis la *réalité*. A toi de la repousser ou de la
saisir. »

En vérité, cher parrain, cette « réalité » inopinément venue, m'a paru charmante. Je n'aurais su
donner meilleure figure à mes rêves, si comme tant
d'autres jeunes filles, j'avais eu la fantaisie de me
créer « un idéal. » « Un idéal ! » comme ce mot est
vieilli ! Il me parait aussi démodé que les *cœurs
sensibles*.

Or, je vous l'annonce, cher et vénéré apôtre, en
France les jeunes personnes deviennent très-positi-
ves ; de plus, j'ai la passion de suivre la mode. Je
n'avais donc pas, en fait de mari futur, le plus petit
idéal en poche. Je dis en poche et non en *porte-
feuille* ou dans mes cartons, car la vogue du *journal quotidien* où toute jeune fille cultivée, se
croyait obligée naguère de se faire, soir et matin,
des confidences, se trouve maintenant fort ralen-
tie. Faute de journal, mon imagination n'avait
tracé « nul crayon de mon futur maitre. » Je savais
deux choses qui me suffisaient : — J'étais décidée à
me marier, parce que j'aime la vie de famille. Je
voulais épouser un honnête homme intelligent dont
la fortune et la position fussent en rapport avec ma

position et ma fortune ; voilà tout. Je m'en remettais à la Providence et à ma mère pour me procurer cet honnête mari ; de le chercher, je n'avais cure. Aussi, est-il arrivé seul. Je le rencontrai d'abord à cheval sur la route, un beau matin que j'étais à ramasser des fleurs sauvages. Il me parut très-élégant cavalier ; mais ce détail m'intéressait peu, soyez-en persuadé, cher oncle. Je voyais ce « monsieur » pour la première fois, et j'ignorais à ce moment qu'il dût dîner chez ma tante, où nous étions en villégiature. Ma tante avait à dîner, ce jour-là, ses voisins de campagne au grand complet. M. Julien de C. étant du nombre avait jugé à propos de venir tout comme un autre. Voilà le secret de notre rencontre. Celui de notre sympathie, Dieu le sait.

Ne le mettez pas à la charge de ma coquetterie, cher père. Je me soumets volontiers à la mode, c'est vrai, mais je ne suis pas coquette, veuillez m'en croire sur parole. L'estime étant la base des saines affections, je peux désirer d'être appréciée, si j'ai quelques qualités qui le méritent, puisque autrement je ne saurais être sérieusement aimée. Mais admirée, à quoi bon?

Après *huit* jours de voisinage, j'ai su que M. de C. avait demandé ma main. Soyez bien tranquille, je vous le répète, bon et sage père. Nul n'est venu me dire : « Epouse-le, ou meurs. » Nul autour de moi n'a fait seulement mine de me presser d'accepter ou de refuser ce prétendant. L'on s'est borné à me fournir sur son compte des renseignements pris à bonne source. Ces informations décident mon choix. Il y avait un choix à faire, en effet, car trois autres gentlemen m'ont honorée depuis peu de leur demande en mariage.

Dormirez-vous tranquille désormais sur vos oreillers de mousse, à l'ombre de vos palmiers géants, mon bon père? Sachez-le : votre Henriette est bien folle, mais dans les grandes occasions, son bon ange lui apporte quelque chose de votre prudence avec le souvenir de vos pieux enseignements.

LETTRE III

Le Révérend Père de S. à sa sœur

EGALITÉ MORALE. — LA FOI AU BIEN. — TRISTE INITIATION. — L'HOMME DU SIÈCLE. — SCISSION DOULOUREUSE ENTRE LES AMES. — DÉCHÉANCE MORALE DE LA FEMME. — L'INÉGALITÉ DES DEVOIRS PRATIQUÉE SINON PROCLAMÉE. — CONSÉQUENCES. — QU'EST-CE QUE CETTE IDYLE ?

Je reçois d'Henriette une lettre qui me *rassure mal* ; quelle petite folle que cette filleule bien-aimée, et pourtant quel esprit net, lucide et prompt ! Comme elle sait cacher sous son espiègle gaîté, l'ardeur de son âme ! Cette enfant-là souffrira plus qu'une autre, si par malheur vous l'engagez dans une union mal assortie.

Veillez, ma sœur, puisqu'il en est temps encore, veillez à *l'égalité*, c'est-à-dire à la *justice*, dans ce mariage.

Oui, l'égalité morale est de rigueur pour valider un contrat fondé sur l'égalité des devoirs.

Interrogez votre cœur de mère, Clotilde : Avec quels soins jaloux n'avez-vous pas gardé votre enfant! Quel respect de son innocence! Quel zèle à développer en elle les nobles instincts, les saines pensées, les délicatesses de l'âme! Plus tard, je vous ai vue avec plaisir éloigner Henriette du tourbillon mondain, lui apprendre à mépriser la vanité, la vie frivole. Et vous avez réussi. Il y a tout un succès d'éducation dans ces lignes de la chère petite :
« Je peux désirer d'être appréciée, si j'ai quelques
» qualités qui le méritent, puisque autrement, je ne
» saurais être sérieusement aimée. Mais admirée,
» à quoi bon ? »

Voilà bien la femme chrétienne, humble et fière à la fois ; dédaigneuse d'un hommage éphémère et vain comme son objet, et voulant donner à ses affections un principe inaltérable et immortel.

Je vous félicite, Clotilde, mais en même temps, je tremble. Henriette a le culte du vrai, du bien, la sainte ignorance du mal. Son âme, grâce à vous, est demeurée virginale : C'est la pureté dans sa fleur ; c'est la candeur avec toute sa grâce ; la tendresse avec ses plus suaves parfums. C'est la vertu, en un mot, la vertu dans sa primitive et délicate blancheur.

A qui allez-vous livrer ces trésors?

Oh! qu'il soit pur et bon comme elle, celui à qui elle abandonne son âme et prodigue sa vie!

Je le sais, Clotilde, il y a, pour un trop grand nombre de femmes, une cruelle déception, au seuil même du mariage. Elles entrent dans leur nouvelle existence avec des convictions arrêtées, des affections et des répugnances basées sur les principes d'une morale inflexible. Elles ont la foi, — la foi au bien, qui empêche de douter de soi-même et des autres. Aux jours sereins, cette foi fait la sécurité du bonheur; au moment de l'épreuve, elle donne le courage du sacrifice.

Hélas! une main maladroite et brutale s'empresse d'ôter à ces jeunes âmes leur meilleure force intime. La prudence maternelle avait jeté un voile sur tout ce qui est erreur ou souillure dans la vie. Ce voile est violemment déchiré; un monde nouveau apparaît aux regards de la jeune femme éperdue. Dans le domaine de la pensée, ce monde oppose des mensonges ou des négations à toutes les croyances chrétiennes. Au point de vue moral, il déverse l'ironie sur les préceptes le plus justement respectés.

L'initiateur à cette étrange science des hommes et des choses, vous l'avez déjà nommé, Clotilde; c'est le mari. Sous le rapport intellectuel, il a ce qu'on appelle « les idées du siècle ; » il partage sans y regarder les erreurs en vogue, adopte les préjugés reçus, répète contre l'Église et ses dogmes des objections mille fois pulvérisées. Quant à la règle des mœurs, il a fait aussi de « l'éclectisme, » il a suivi, tout comme un autre (c'est son expression) le courant des plaisirs ; c'est-à-dire, il a perdu le respect de la vertu et de lui-même ; il a souillé ses lèvres dans la fange avant de les poser sur le front pur de votre enfant.

Quelle épreuve pour la jeune femme, que cette révélation ! Quel écroulement dans ses rêves, quel déchirement dans son cœur ! voilà ses chères croyances en lutte avec son amour ! Il faut que celui-ci ou celles-là succombent. Si les nobles instincts triomphent, quelle scission douloureuse, irréparable, entre ces deux âmes dont l'une a perdu toutes les délicatesses, dont l'autre conserve les plus pures aspirations, abreuvée qu'elle est des plus amers dégoûts !

Avez-vous idée, Clotilde, d'une semblable torture morale ? Et voudriez-vous l'imposer à votre fille ?

Mais souvent, trop souvent, la tête part à la dérive du cœur ; la raison, la foi abdiquent ; la jeune femme ne conserve d'autre religion, d'autre morale effectives que son amour. Alors, c'est la dépression progressive des forces de l'âme, c'est le premier

pas dans la voie des erreurs et des chutes ; en tout
cas, c'est la dégénérescence ; et dans ces conditions,
la femme, même restée honnête, demeure impropre
à l'éducation de ses enfants, — j'entends l'éducation du cœur, ce moule primitif où la tendresse
maternelle semble donner à nos sentiments leur
forme définitive. Cette femme qui, pour moins
souffrir, peut-être a laissé choir sa supériorité morale au niveau d'une déplorable égalité, voudra-t-
elle élever ses enfants au-dessus d'elle-même ?
Eprouvera-t-elle ce désir étrange d'infiltrer dans
leur cœur des croyances et des aspirations qu'elle
a si tristement perdues ? Non, elle n'y songera pas ;
son rôle se bornera aux soins purement matériels ;
et comme un foyer éteint ne communique plus de
chaleur, cette âme refroidie ne saurait jeter la
moindre étincelle dans les jeunes âmes qui attendent d'elle pourtant, ces deux lumières : « la foi et
la vertu. »

Ainsi, s'abaisse, par voie de transmission, notre
niveau moral ; ainsi se propage parmi nous la
décadence.

Mais le défaut d'égalité dans le mariage a un
autre résultat : Il établit *l'inégalité des devoirs*,
et ici, l'injustice prend des proportions révoltantes.

Comprenez-moi bien : Voici une jeune femme,
une chrétienne à qui sa religion définit le mariage

par ces formules rigoureuses : Fidélité absolue, dévouement sans bornes, abnégation parfaite, inaltérable amour. — Cette femme n'entend rien réserver d'elle-même, ni sa liberté, ni sa volonté, ni sa vie. Telles sont à ses yeux, les exigences de la loi divine. Elle s'y soumet avec bonheur.

Mais le mari professe de moins austères maximes. Lui, prétend n'engager sa liberté que dans une certaine mesure. Il veut bien accorder à sa femme une part dans ses affections et son dévouement ; il entourera la mère de ses enfants d'un certain respect, lui abandonnera une portion convenable d'autorité domestique, et fera régner dans le ménage un décent accord. Voilà ses dispositions intimes, ses projets de bonheur conjugal. Quant à faire de son foyer son univers, à concentrer là ses désirs et ses jouissances, oh ! non ! non ! La vie au-dehors lui offre des séductions puissantes ; il leur consacrera cette part de son existence et de son âme qu'il entend bien soustraire au joug du devoir.

Et, soyez en sûre, cet homme si large dans ses concessions vis-à-vis de lui-même, en réservera le privilége pour lui seul. On verra de singuliers revirements dans ses maximes dès qu'il s'agira des devoirs de la femme et de la mère : ces devoirs-là nul les entend mieux que lui, et n'en exige plus sévèrement l'observation.

Combattre les principes chrétiens, les persifler
s'en affranchir, mais imposer à autrui les étroite
obligations qui en dérivent, quel despotisme illogi
que ! C'est l'inégalité des devoirs dans le mariag
pratiquée sinon *proclamée*.

Vous savez les conséquences. La femme s
résigne en pleurant à son rôle de victime, si elle es
restée chrétienne ; mais si elle ne l'est plus, elle s
révolte ; c'est logique. Le cœur peut-il en effe
subir un frein qui a cessé de régler l'imagination e
de diriger la pensée ?

Réfléchissez à loisir sur ces questions, ma bonn
Clotilde. Ne vous laissez pas entraîner dans cett
grave affaire matrimoniale par la folle tête d'un
pensionnaire émancipée. D'après la lettre de l
chère espiègle, votre commun projet me fait l'effe
d'un impromptu : — *Elle*, cueillait des fleurs sau
vages. (En robe blanche je suppose, en chapeau d
paille orné de pâquerettes et de rubans bleus, l
teint doucement animé par la course et le soleil d
matin ? — Voir pour la suite Florian ou Bernardir
de Saint-Pierre). *Lui*, passait à cheval. (Ceci nou
sort un peu de l'idylle). Ils se sont rencontrés à
dîner ensemble, avec force bourgeois et hobereaux
chez Mme de X ; et voilà qui ne ressemble plus
du tout à Florian.

Leur sympathie est-elle née au moment de la

cueillette des fleurs et du passage équestre sur la route? A-t-elle résulté de propos échangés à table? On ne m'en dit rien, et peu importe, sans doute, puisque « Dieu en sait le secret. »

Sans vouloir imprudemment sonder les secrets divins, il est bien permis à un humble mortel de chercher l'origine de cette mystérieuse et brusque sympathie? J'incline fort, je le confesse, à lui donner pour cause les adroites combinaisons de quelque voisin de campagne désœuvré.

En vérité, Clotilde, cela est par trop banal et dangereux. J'espérais mieux pour Henriette. Arrêtez-la donc sur la pente d'une combinaison vulgaire. Qu'elle songe à l'immortelle dignité de son âme ; qu'elle revendique ses droits de chrétienne.

Le premier mot de la devise dont la politique abuse : *Liberté !* ne suffit pas. Faites comprendre à notre chère enfant la nécessité d'y ajouter les deux autres : *Égalité, Fraternité*. Fraternité des cœurs, c'est-à-dire *Sympathie*.

LETTRE IV

Mademoiselle de S. à son oncle

POURQUOI TANT DE POLITIQUE? — PLUS TARD, TROP TARD. — ENTENDONS-NOUS SUR LA DEVISE ENTIÈRE : LIBERTÉ, ÉGALITÉ, FRATERNITÉ. — L'INSTINCT DE LA PEUR. — LES COUPS DE FOUDRE FLUIDE POSITIF, FLUIDE NÉGATIF. — UN TRAIT DE BRAVOURE. — LES HOMMES DE CŒUR QUI ONT BON CŒUR. — AU MOIS DE MARIE.

En vérité, cher parrain, je m'y perds, j'en suis ahurie! Auriez-vous la Révolution dans vos forêts vierges? Quelque descendant des Incas se serait-il avisé de proclamer les *Droits de l'homme*, ou ceux de la femme, ou les deux ensemble? Et seriez-vous inspirateur ou complice de ce prodigieux événement? Le fait est que vos chères lettres apportent ici, je ne sais quels élans de bizarre fierté et de sauvage indépendance, qui subjuguent ma bonne mère et la font positivement verser dans la politique : Il ne sort plus de sa bouche que les mots de *Liberté, d'Égalité, de Fraternité.* C'est à ne pas en croire mes oreilles... Et si je ne voyais le sérieux qu'elle met à m'expliquer *l'égalité morale,* sa nécessité, etc, je prendrais ces étranges discours pour une plaisanterie. Mais, cher oncle, ma mère ne se contente pas d'être grave ; elle est triste, visiblement préoccupée ; or, sa mélancolie anxieuse, elle la puise dans vos lettres dont ses dissertations me paraissent le commentaire. Je lui ai dit tout cela ; elle ne l'a point nié. Alors j'ai demandé à lire ces terribles missives d'outre-mer. Quelle folie ! Le texte sacré, écrit pour moi, ne saurait être encore dévoilé à mes yeux profanes. On verra *plus tard..* Quand il sera *trop tard.* Actuellement, l'interprétation doit me suffire. Mais l'interprète a l'air si malheureux et si troublé ! Que lui dites-vous donc ?

Cher père, vous me trouverez bien irrévérencieuse ; ne vous récriez pas ; je suis en colère ; et la colère ne se traduit guère par des *révérences,* soit dit sans calembour.

Comment, *révérend* parrain bien-aimé, vous demandez la liberté, on vous l'accorde ; aussitôt vous cherchez querelle à propos d'égalité et de fraternité ?

Eh bien, tâchons de nous entendre sur la devise entière.

D'abord l'égalité matérielle n'existe pas dans mon futur mariage ; il y a infériorité d'une part, mais c'est du côté de votre filleule ; et probablement cela ne saurait vous fâcher. Julien a beaucoup plus de fortune que moi ; d'autre part, ses augustes parchemins repoussent dans l'ombre notre modeste particule.

Passons à l'égalité morale.

Sur ce point, veuillez faire à mon étourderie l'honneur de supposer qu'elle y avait un peu songé à l'avance. Etonnez-vous, si vous le jugez indispensable, cher père, mais rien n'est plus vrai.

J'avais parfaitement compris toute seule la nécessité d'étudier les qualités morales de mon futur maître. La moins intelligente des femmes doit être portée à cet examen, ne serait-ce que par l'instinct de la peur.

J'avais donc réfléchi pour ma part à ce qui vous inquiète ; j'étais même arrivée à me forger là-dessus un petit système.

On n'a pas encore créé de *Lazaret* pour les têtes romanesques ; ces dangereuses cervelles courent librement les salons, et il s'en introduit jusque sous le toit de ma mère.

En conséquence j'avais entendu parler des

subites passions, — chose effrayante ! de leur puissance et de leur réalité — qui mettaient le comble à ma terreur — « Ce sont des coups de foudre ! » répétaient à mes oreilles plusieurs voix convaincues. Ce mot me tranquillisa. Je me rappelai à propos certaine leçon de mon vieux professeur m'expliquant l'attraction en sens contraire du fluide *positif* et du fluide *négatif*, qui détermine les mouvements de la foudre. Aussitôt je restai persuadée qu'il se passait quelque chose de semblable dans les courants sympathiques ; quand je dis *semblable*, je veux dire *opposé*. Le fluide positif me semblait être celui des belles âmes ; le fluide négatif celui des natures médiocres ou mauvaises, et je pensais qu'il était impossible à ces deux fluides de s'attirer ni de se rencontrer jamais. Si l'expérience prouve le contraire, je l'ignore ; mais, sur le souvenir du vieux professeur et de ses démonstrations alambiquées, je me sentais bien assurée de n'éprouver que répulsion et dégoût pour un homme par trop vulgaire.

Ma confiance n'a pas été trompée : Julien a tous les dons, je dirai même *les supériorités* du cœur et de l'intelligence.

Il a fait de brillantes études et possède je ne sais combien de diplômes.

Applaudissez, cher père, qui aimez tant l'érudition ?

Cependant ne vous figurez pas un *savantasse* lourd et naïf, ni un pédant guindé, ni un rêveur morose et distrait. C'est un très-charmant homme du monde, un inépuisable et fin causeur — Ah ! me direz-vous, te voilà séduite par des dehors aimables.

Charmée, oui, comme beaucoup d'autres. *Séduite* non ; car séduite signifie aveuglée, et j'ai gardé mes yeux pour observer, mes oreilles pour écouter. Je n'ai vu que de nobles actions ; je n'ai entendu que des éloges.

Voici du reste un fait qui peint l'homme.

En 184.. le comte Julien de C. était engagé volontaire dans un régiment d'Afrique. Harcelant la marche de l'ennemi, il arrêta un jour un corps de Kabyles et sut prolonger cette escarmouche assez longtemps pour sauver du pillage un village français, où les Arabes comptaient passer la nuit. Au point du jour, le comte dispersa prudemment sa troupe. Afin de donner à ses compagnons le temps de s'éloigner, il continua le coup de feu avec une demi-douzaine d'hommes résolus. Malheureusement un de ces braves fut blessé. Julien commanda de l'emporter aussitôt et demeura seul, glissant comme un serpent dans les broussailles, changeant de place à chaque coup qu'il tirait sur l'ennemi. Le sommet boisé d'où pleuvaient les balles semblait encore peuplé de soldats. Cependant, l'illusion fut courte. Profitant des premiers rayons de l'aube pour s'élancer sur le versant de la montagne, les Kabiles reconnurent avec colère et stupeur qu'un seul des francs-tireurs était resté.

Le comte avait eu le temps de se blottir au-dessus d'une roche escarpée, entre deux blocs de granit. De cette forteresse impromptue, dont les dentelures irrégulières le protégeaient comme un double rang de créneaux, il pouvait tuer bon nombre des assaillants avant d'être atteint lui-même. L'officier Kabiles s'en aperçut. Il envoya un parlementaire dire au comte. — Voulez-vous être mon prisonnier sur parole? Oui pour 24 heures, répondit ironiquement Julien. — J'accepte, reprit le Kabile.

Deux jours plus tard, en effet, M. de C. s'était évadé, et rejoignait sa troupe.

Ce trait-là, cher père, je ne le tiens pas de Julien, est-il besoin d'en faire la remarque? Je l'ai entendu raconter par un témoin oculaire.

J'avoue mon faible pour les hommes de cœur; mais il me faut de plus qu'un homme de cœur ait *bon cœur*. Julien a le caractère enjoué, accommodant, l'humeur bienveillante. Il s'attendrit facilement. Surtout, il éprouve les émotions du poëte et de l'artiste. J'ai vu ses yeux mouillés de larmes à l'audition d'une mélodie simple mais suave. C'était à l'église du village. — Pendant la messe? allez-vous me demander.

Et moi de vous répondre : Me croyez-vous assez naïve pour canoniser un monsieur qui se contenterait d'aller à la messe?

Non cher père, ce n'était pas à la messe que nous entendions ce chant grave et doux. C'était... au mois de Marie !

Soyez donc satisfait, bien-aimé grondeur, et ne tourmentez plus ma pauvre mère, qui en perd l'appétit !

LETTRE V

Le Révérend Père de S. à sa sœur

L'HARMONIE DES AMES. — ESSOR DE L'AME RELI-
GIEUSE. — FATALE DÉPRESSION DE L'AME SANS
LA FOI. — L'ISOLEMENT MORAL. — ANGOISSES DE
LA FEMME CHRÉTIENNE. — DRAME LUGUBRE DE
LA DERNIÈRE HEURE AU CHEVET DE L'INCRÉ-
DULE. — LA MORT DU CHRÉTIEN N'EST PAS UN
DEUIL.

Clotilde, qu'est-ce que j'apprends ! La lettre
d'Henriette m'avait à demi-rassuré. Un ex-franc-
tireur d'Afrique qui s'attendrit au mois de Marie,
et qui, d'ailleurs réunit toutes les conditions exi-
gées par les convenances mondaines... C'était sans
réplique. J'allais me résigner, mais à contre-cœur.
Il me restait malgré moi des doutes et des répugnances.., Hélas ! voici la lettre d'un ami commun
qui m'apporte la foudre ! Je cite ; lisez :

4.

« Julien de C. est le plus aimable cavalier du
» monde, plein de cœur, d'honneur et d'esprit ;
» riche, bien apparenté, avantageusement posé
» dans la société élégante... Mais tout cela est peu
» de chose à vos yeux, je le devine ? Les qualités
» essentielles que vous lui souhaitez pour le bon-
» heur de votre nièce, — la foi et l'observation de
» ses devoirs religieux, il ne les a pas. Ce n'est
» point un libre-penseur hostile ; C'est une manière
» de philosophe comme il y en a trop, unissant la
» révérence extérieure à *la pratique indifférence*
» *pour la religion.* »

Clotilde, ce témoignage est sûr ; il ne me laisse
aucune incertitude. Au nom du ciel rompez ce
mariage. Comment serait-il heureux en dehors de
la sympathie vraie, de l'harmonie des âmes ; et comment deux âmes pourraient-elles se comprendre
sans ombre, s'unir indissolublement, si elles diffèrent
sur un point qui est le fond même de l'âme : le sentiment religieux ?

Je vous le répète ; deux êtres qui n'ont pas la
même foi ne sauraient entendre de la même façon
les mêmes devoirs. Il y a dans cet axiome, aussi
vrai que la vérité, aussi certain que l'expérience,
un écueil où sombre infailliblement le bonheur
rêvé ; un abîme où s'engloutissent une à une les
illusions d'une sympathie superficielle, et par suite

éphémère ; car les solides affections, je vous le rappelle encore, ont leurs racines dans l'âme, c'est-à-dire dans la similitude des croyances et l'harmonie des sentiments.

Ignorez-vous quelle direction opposée prennent d'ailleurs les pensées, les goûts, l'état moral intime, laissez moi dire aussi: *les instincts* de deux personnes dont l'une est guidée par la foi religieuse, l'autre abandonnée à ses penchants, sans autre règle que l'honneur ou les convenances sociales? La première, chaque jour retrempée dans la pure morale évangélique, reprendra chaque jour avec une nouvelle ardeur et de nouvelles forces, le dur labeur du perfectionnement chrétien. Tout ce qui en elle est bon : — sensibilité, dévouement, loyauté, générosité, délicatesse, sera cultivé, défendu, et triomphera des entrainements contraires, dont la puissance diminuera en raison directe des difficultés mêmes de la lutte. Cette âme s'élèvera vers l'idéal comme l'aigle monte vers le soleil, et s'illuminera à ces hauteurs, d'un reflet des perfections divines : Elle sera le chef-d'œuvre de la grâce, l'image du Christ ressuscité.

Abandonnée à elle-même la nature humaine n'a jamais cet admirable essor. Une pente irrésistible l'entraine au contraire, jour à jour, vers la décadence. Tout en elle s'use et s'atrophie. L'homme qui n'a pas la foi, ou qui l'endort dans l'indifférence religieuse, vieillit plus vite au moral qu'au physique. Il a conscience de cette dépression et s'en irrite ; en perdant sa propre estime, il cesse d'estimer ses semblables ; ne trouvant plus de bien en lui, il refuse de croire au bien. Il devient sceptique ; disons le mot : *il est blasé !*

Rapprochez maintenant cette âme morte de ce cœur si vivant, si palpitant, si jeune encore ! plus vivant et plus jeune qu'autrefois, car un incessant travail l'a dégagé des égoïsmes, des petitesses, des vanités qui entravaient son élan ; ces progrès quotidiens ne laissent désormais que de nobles aliments à sa flamme purifiée.

Quelle distance entre ces deux êtres partis ensemble des marches du sanctuaire pour s'avancer côte-à-côte dans la vie ! Mais combien l'isolement moral, le désaccord intime ont dû attrister les jours qui les éloignaient ainsi l'un de l'autre !

Avez-vous jamais réfléchi, Clotilde, à la situation d'esprit et de cœur d'une femme chrétienne fortement imbue des vérités catholiques relatives au salut, et condamnée à voir le mari qu'elle adore vivre éloigné de Dieu, c'est-à-dire, exposé à toute heure à tomber sous le coup de l'éternelle justice ! Je ne saurais imaginer de sollicitude plus cruelle ni de transes plus vives. Il y a là, pour le cœur dévoué de la femme, un supplice que la prière et la confiance en Dieu peuvent seules tempérer.

Voulez-vous imposer ces tortures à votre fille ?

Et quand vient l'heure de la mort, si la Providence miséricordieuse, épargnant ces coups de foudre qui plongent une femme pieuse et des enfants chrétiens dans une désolation sans espérance, laisse au coupable le temps de réparer à la dernière heure les fautes ou l'inutilité de sa vie, ce malheureux indifférent, comprendra-t-il de lui-même la nécessité de se tourner vers Dieu ? Sera-t-il vaillant, sera-t-il même résigné devant la mort ?

Quel moment pour la femme chrétienne ! Quelles angoisses ! Comment saisir cette âme si longtemps, si opiniâtrément rebelle ? Quelle stratégie adopter pour la défendre de ses répugnances, de ses illusions, de ses terreurs, et la sauver du suprême péril ?

Comparez, s'il vous plaît, l'agitation, les alarmes, l'incertitude affreuse, les tentatives inutiles, les ruses heroïques mais impuissantes, les supplications désolées, tout ce drame poignant de la tendresse et de la foi méconnues, qui se déroule, d'heure en heure, au chevet de l'incrédule mourant ; comparez ces lugubres scènes au tableau si fortifiant et si serein offert par la famille chétienne, rassemblée autour du bon et fidèle serviteur que Dieu appelle aux joies du Paradis. Cet agonisant voit la mort sans crainte et sans tristesse ; ses regrets même ont la douceur de l'espérance ; loin d'offrir à ceux qui le pleurent le triste spectacle d'une âme impuissante à se détacher de ce monde, il s'oublie lui-même pour les consoler ; il les supplie de ne pas s'affliger du bonheur où il aspire, et leur rappelant ces fermes croyances qui cimentèrent ici-bas l'union de leurs cœurs, son dernier geste leur montre le ciel, éternel rendez-vous des nobles âmes et des saintes affections ; le dernier murmure de ses lèvres semble dire : *à revoir* plutôt qu'adieu ; il y a dans son dernier regard comme un lumineux reflet de la vision béatifique ; l'expression que la mort vient d'épandre sur ce visage aimé, est si belle, que l'admiration et je ne sais quelle joie mystérieuse sèche un instant les larmes autour de la couche d'où cette âme chrétienne s'est envolée.

Je vous laisse devant ces deux *tableaux* si réels et si différents, ma bien chère Clotilde. Regardez autour de vous, interrogez vos souvenirs ; le contraste que je vous signale vous apparaîtra plus instructif encore. Méditez-le.

LETTRE VI

Madame de S. à son père

QUE FAIRE ? — UN ÉCLAT A REDOUTER. — UN
CŒUR A MEURTRIR. — QUESTION BRULANTE. —
RÉPONSE AMBIGUË.

Vos lettres me désolent. Vous avez profondément raison ; je partage à la fois vos sollicitudes
et vos craintes ; mais, que faire ? Comment rompre
ce mariage ? De quel prétexte se servir devant le
public toujours si curieux, si méchant, si éloigné
d'admettre les hautes raisons morales, dont vous me
parlez, et qui, à vrai dire, militent seules contre cette
union parfaitement assortie au point de vue mondain. Pardonnez ou blâmez ma faiblesse, frère si
bon et si cher ; mais, en vérité, je tremble de produire un scandale... Un scandale dont les funestes

conséquences retomberaient tout entières sur l'avenir de notre Henriette. Je redoute aussi de désoler ma pauvre enfant.

Ma vie n'est plus qu'une mortelle angoisse... et vous êtes si loin de nous !

Que ne pouvez-vous franchir les mers en quelques heures, et de votre autorité inattaquable, de votre main inflexible, rétablir ici l'ordre, le bon sens, la paix !

Vous savez combien il m'en coûte de prendre une décision tant soit peu énergique... Cependant, je n'ai pas voulu laisser ignorer à M. de C. vos objections contre lui. Il en a été, je crois, vivement froissé, car je l'ai vu pâlir, et malgré son très-grand empire sur lui-même, sa voix s'est altérée. Mais c'est l'homme le plus poli du monde. Il a parlé de vous en des termes qui vous auraient peut-être fléchi. Ensuite, avec une dignité mal placée, sans doute, à propos de questions si importantes et en présence d'une mère anxieuse, il ajouta : — « Pardonnez-moi, madame, de ne point vous rassurer sur l'heure ; mais je viens de recevoir une sommation impérieuse en matière bien délicate; malgré moi, j'en suis tout révolté, tout frémissant... Ce n'est vraiment pas l'heure de vous faire ma profession de foi religieuse ; il faut pour la sincérité d'un tel acte, le calme de la réflexion et l'entière possession de soi-même. Mais dès maintenant, je vous en supplie, n'ayez aucune inquiétude touchant l'avenir de votre fille. J'adore Henriette ; l'aimerais-je moins, je serais incapable de lui causer jamais le plus léger ennui au sujet de ses convictions religieuses. »

Cette réponse me parut d'une ambiguïté trop expressive. Que devenir ? Je suis découragée...

LETTRE VII

Madame de S. à son frère

IMPORTANCE DU DÉSACCORD SUR LES PRINCIPES RE-
LIGIEUX. — ABSTENTION DU PÈRE DANS L'ÉDU-
CATION RELIGIEUSE DES ENFANTS. — HOSTILITÉ A
CRAINDRE. — QUI L'EMPORTERA DU PÈRE OU DE
LA MÈRE, SUR L'ESPRIT DES ENFANTS? — LE FILS
ÉGARÉ, DEUX FOIS PERDU POUR SA MÈRE.

Que devenir dites-vous? Il faut rompre... rompre
hardiment... rompre tout de suite.

M. de C. en religion, est un pur sceptique... vous
n'en doutez plus, je présume?

Si Henriette devient sa femme, la voilà condamnée à ne jamais s'entendre avec son mari sur toutes
choses où sera mêlé le sentiment religieux. C'est
un désaccord immense, perpétuel, car le sentiment
religieux donne au cœur ses aspirations les plus

nobles, ses émotions les plus délicates ; en même temps il éclaire la raison, dirige le jugement, féconde la pensée. Vouloir forcer à s'harmoniser deux intelligences dont l'une vit de foi, l'autre d'incertitude ou de négation, me parait une véritable folie ; autant vaudrait soutenir que deux hommes attachés dos-à-dos et placés dans la campagne ont chacun devant soi le même coin du paysage, quoique l'un regarde au nord et l'autre au midi. Ainsi deux âmes fixées dans le monde moral à des points de vue diamétralement opposés, ne sauraient ni suivre le même chemin ni apercevoir les mêmes objets, ni mener à bien une œuvre commune.

Henriette s'apercevra bien vite du scepticisme de son mari : Se hasardera-t-elle à le combattre ? Triste ressource. Avec des hommes d'esprit tels que M. de C. le scepticisme se fait volontiers persifleur ; parfois il devient insidieux, et s'infiltre par tous les pores comme une contagion.

Henriette n'aura donc qu'à se taire, à refouler la meilleure partie de son âme... Je vous ai déjà parlé de ce supplice intime, et fait entrevoir ce cruel divorce des cœurs...

C'est la torture quotidienne de la femme... Mais, n'oublions, je vous prie, ni le devoir, ni les souffrances de la mère :

La famille chrétienne a pour mission principale

de jeunes âmes à cultiver : Henriette se trouvera donc seule devant cette tâche ?

Imaginez dès maintenant combien sera triste et anormale l'abstention du père dans l'éducation religieuse des enfants. Que la mère pieuse leur apprenne à balbutier le nom du Seigneur ; que plus tard elle leur enseigne les formules sacrées de la prière ; s'ils vont redire sur les genoux paternels ces douces invocations, un silence glacial leur répondra... Ou bien le sceptique détournera, d'un mot, l'essor de leur jeune pensée.

D'ailleurs, cet indifférent sera-t-il assez maître de lui-même pour rester neutre ; ne lui échappera-t-il jamais une parole, un signe seulement qui trahisse l'erreur de son esprit, et détruise le salutaire effet des leçons maternelles ? Les enfants sont observateurs, qui l'ignore ? Il leur suffira de grandir pour juger la situation et sentir qu'ils ont un choix à faire.

Qui l'emportera ?

Hélas ! si les enseignements de la mère tiennen aux fibres du cœur les plus tendres, l'exemple du père tente les instincts les plus aveugles ; c'est presque toujours sur cette pente fatale que la jeune âme sera entraînée.

Combien de leçons oubliées, de dévoûments perdus, d'espérances écroulées dans cette chute,

Combien de larmes inutiles ! Quel deuil ! En peut-il exister de plus affreux pour une vraie mère ?

Clotilde, si j'avais un fils, j'aimerais mieux le perdre tout entier que de perdre seulement son âme... Mort dans la grâce de Dieu, je le sentirais encore uni à moi par je ne sais quels mystérieux anneaux de la chaîne invisible qui relie la terre au ciel ; je m'attacherais à l'espérance *du revoir.* Ma pensée habiterait avec lui les sphères bienheureuses. Dieu, qui me l'aurait repris, me le rendrait à toute heure, puisqu'il me suffirait d'aimer Dieu, de m'élever à Dieu pour le retrouver, *lui*, perdu désormais dans l'amour infini et le bonheur de Dieu même.

Entre une mère en larmes et l'âme de son enfant mort, il y a seulement le voile qui nous sépare de l'inconnu ; et la foi chrétienne éclaire ces ténèbres. Entre la mère pieuse et son fils égaré il y a plus qu'un monde : Ces deux âmes ne voient plus les mêmes objets, n'entendent plus le même langage, n'ont plus les mêmes sentiments. Elles vivent côte-à-côte ; cependant, rien ne saurait les rapprocher, ni leurs goûts si différents, ni leurs désirs si opposés, ni leurs espérances qui, d'une part, se bornent à la terre, et de l'autre s'élèvent jusqu'au ciel. Jamais deux êtres ne furent si complétement per-

dus l'un pour l'autre; bien autrement perdus hélas !
que par la mort !

Craignez d'exposer votre fille à cette séparation
morale, entre elle et ses enfants, si vous lui donnez
un mari sceptique, c'est-à-dire incapable de la
seconder dans leur commune *charge d'âmes.*

Du reste, observez-le encore ; bien rarement le
sceptique demeure impartial et neutre ; son indifférence tourne vite à l'hostilité. Il raille légèrement
d'abord le dogme ou les pratiques religieuses ;
puis le sarcasme succède à l'ironie ; ensuite vient
le blasphème. Dans ces conditions s'engage, entre
la mère chrétienne et le père incrédule, une atroce
lutte d'où la femme sort brisée et les enfants per-
vertis.

Au nom des sentiments et des devoirs les plus
sacrés, Clotilde, je vous en supplie de nouveau,
rompez vos engagements pour Henriette. L'indifférence religieuse, l'incrédulité même de M. de C.
étant reconnue, il n'est pas seulement question
d'épargner un triste avenir à votre fille, il s'agit
surtout de sauver des âmes mille fois chères : celles
de vos petits enfants !

LETTRE VIII

Madame de S. à son frère

IMPOSSIBLE DE RÉPARER UNE IMPRUDENCE. — IL
EST TROP TARD.

Quand vous lirez ma lettre, le mariage d'Henriette
avec Julien de C. sera un fait accompli. Ne me
blâmez pas ; j'ai goûté toutes vos raisons, j'ai sincèrement désiré me conformer à vos sages conseils,
mais si vous aviez pu voir par vous-même l'éclat
dont nous menaçait une rupture, si vous aviez été
comme moi témoin du désespoir sincère de Julien
à la seule idée de renoncer à cette union ; si vous
aviez vu la terreur d'Henriette dès qu'elle me sup-
posait hostile à son mariage, vous auriez compris l'impossibilité de réparer certaines fautes.
Nous avons commis justement celle que nous

signalaient vos premiers avis. J'ai eu l'imprudence d'autoriser le comte de C. à nous rencontrer dans le monde et à la campagne chez nos voisins. Depuis qu'il m'avait demandé la main d'Henriette, des amis communs me pressaient de consentir à recevoir M. de C. chez moi. J'avais enfin cédé à leurs instances. A l'heure même où vous m'adressiez votre dernière et terrible lettre, Julien était admis dans ma maison sur le pied d'un fiancé. Hélas ! cher frère, il était trop tard ! Le cœur d'Henriette s'était donné ; et le monde mis au courant de nos projets, nous aurait demandé compte d'une rupture.

J'ai beaucoup pleuré, beaucoup prié, beaucoup réfléchi en priant et pleurant. Je n'ai pas cru devoir rompre, sur de vagues craintes, des engagements sérieux et devenus publics.

Que Dieu nous soit en aide !

Priez pour eux afin qu'*il* soit bon, et qu'*elle* soit heureuse.

LETTRE IX

Le Révérend Père de S. à sa sœur

PRÉTEXTES FUTILES. — DANGERS SÉRIEUX

Comment, Madame, des considérations futiles, — l'opinion des oisifs et des curieux, la crainte d'occasionner à votre fille un chagrin passager, — l'ont emporté dans votre esprit sur la prévoyance et le devoir?...

Je ne veux pas insister...

Puisse votre faute ne point donner ses conséquences logiques. Puisse Henriette ne pas pleurer toute sa vie l'accomplissement de cette union dont la rupture devait tout au plus la chagriner six mois... Puisse enfin le scandale, auquel vous croyez avoir fermé la porte ne jamais s'introduire

4

chez vous par la fenêtre de manière à divertir bien autrement que vous ne l'aviez redouté, les désœuvrés et les méchants.

Je ne saurais vous blâmer, Clotilde, connaissant votre cœur trop faible, mais si dévoué ! Je vous plains seulement, et je prie pour vous tous.

DEUXIÈME PARTIE

DEVOIRS DE LA JEUNE FEMME

LETTRE X

A Madame de C. à Paris

L'ANGE DU BON SECOURS, L'ANGE DE CONSOLATION, L'ANGE DE BON CONSEIL. — OBÉISSANCE. — EXEMPLE DE LA VIERGE MARIE. — SUJÉTIONS, DOUX EMPIRE. — LES RÉVOLTÉES. — LA FEMME AU GOUVERNAIL. — ELLE DOIT IMITER LA PROVIDENCE.

Avez-vous médité, ma chère filleule, ces paroles du Créateur: « Faisons à Adam un *aide* semblable à lui. »

Ce conseil divin résume toute la destinée de la femme. Il faut le bien comprendre pour être heureuse dans l'intelligente pratique de vos devoirs.

Voulez-vous scruter avec moi le dessein de Dieu, tel qu'il s'est manifesté au jour de la Création?

Vous voilà établie *l'aide* de l'homme. Ce rôle

serait-il restreint et passager? Il ne saurait être passager puisqu'il est proprement votre mission ici-bas;
ni restreint puisqu'il embrasse l'existence terrestre
et l'avenir éternel de l'humanité. Ce rôle doit
s'exercer au milieu des soins de la vie matérielle,
dans les luttes et les souffrances de la vie de
famille et de la vie sociale, dans le travail intime
de la vie morale, c'est-à-dire dans la pratique des
devoirs religieux. Avant même de vous donner
l'existence, Dieu vous prescrivit d'être active, aimante, sérieuse.

Afin de mieux caractériser votre mission, disons,
si vous le préférez, que la femme chrétienne est
parmi les siens: l'ange du bon secours, l'ange de
consolation, l'ange du bon conseil.

Je ne veux pas, chère enfant, vous répéter ici
ce qui a été dit mille fois, ce que vous savez,
d'ailleurs, touchant l'infériorité relative de la femme
quant aux forces physiques et aux facultés intellec-
tuelles. L'homme a été créé pour le travail et la
lutte; la femme a une mission plus douce et par
conséquent secondaire. C'est l'homme qui a reçu
de Dieu même l'autorité; c'est à lui qu'il appartient
de gouverner; la femme a le devoir d'obéir.

N'oubliez jamais, Henriette, cette règle de foi
et de raison, inscrite dans nos Saints Livres aussi
bien que dans nos codes. L'officier civil à la mairie,

le prêtre aux pieds de l'autel vous ont dit ; — « Fem-
» me, soyez soumise à votre mari. — Epouse,
» obéissez à votre époux comme l'Eglise obéit à
» Jésus-Christ. »

S'il vous faut un exemple pour adoucir la sévérité
de ce langage, et confirmer à vos yeux l'importance d'une telle loi, rappelez-vous la Vierge
Marie, si humble devant l'autorité conjugale. Dieu
ne veut pas soustraire la Mère du Sauveur à la
dépendance de son sexe. Ce n'est pas à Marie
qu'il s'adresse quand il s'agit des intérêts de la
Sainte-Famille ; Dieu parle à saint Joseph, Joseph
transmet l'ordre céleste, Marie obéit sans hésitation
ni réplique. Au milieu d'une nuit profonde, il faut
quitter furtivement sa maison, sa patrie, des
parents aimés, des amis sûrs ; pourquoi se hâter
ainsi à travers les fatigues d'un long voyage, vers
les tristesses et les misères de l'exil? Ne vaudrait-
il pas mieux prendre contre la rage du roi persécuteur des précautions plus faciles, moins hasar-
deuses? Marie ne fait aucune de ces réflexions, elle
presse sur son cœur l'Enfant divin, et part pour
l'Egypte, à la suite de Joseph.

Henriette, voilà le modèle : Obéissance douce,
obéissance prompte, soumission intelligente et humble à la fois : Humble, puisqu'elle se tait ; intelligente,
car elle a senti l'imminence du péril, et compris

4.

— 60 —

la nécessité de se conformer passivement à l'ordre céleste.

Mais l'Eglise qui ordonne à la femme de se soumettre, fait aussitôt de cette sujétion le plus doux empire, en disant à l'homme : « *Aimez, chérissez.* »

Vous devez au christianisme le respect, les hommages dont notre civilisation vous entoure, et tous les priviléges accordés à votre faiblesse. Beaucoup trop de femmes, trompées par cet état de choses, sont tentées d'en abuser : un grand nombre en abusent imprudemment. Ne soyez jamais, Henriette, parmi ces aveugles, qui s'attribuent à l'autorité absolue et sans contrôle dans le ménage. Il en est d'assez insensées pour afficher leur prétention, ou plutôt leur révolte. Croyez-le bien, le monde les estime peu ; la déconsidération qu'elles cherchent, inconsciemment peut-être, à jeter sur leur mari, retombe sur elles-mêmes, et nuit à leurs enfants.

Mais, chère fille, serez-vous un être passif, borné aux soins serviles du ménage, sans volonté, sans liberté, sans autre ressort que la fantaisie du maître ? Non, certes ! *L'aide* n'est pas *l'esclave* ; sa mission de dévouement et de secours, suppose au contraire l'intelligence et le libre arbitre. *L'aide* a souvent l'initiative et toujours le bon vouloir dans le service rendu. C'est la spontanéité qui fait le mérite de l'abnégation. Soyez volontairement dévouée, volontairement soumise, et par cette libre obéissance vous serez pour votre mari, non-seulement un aide incomparable, mais vous deviendrez *l'appui* de sa force.

D'ailleurs, chère enfant, la supériorité de l'homme quant à l'intelligence, à l'habileté, à l'éducation ou au caractère, souffre des exceptions nombreuses. Aussi, combien de femmes sont-elles obligées de mettre la main au gouvernail! Elles doivent s'y prendre alors avec mille précautions et délicatesses, afin d'épargner l'amour-propre du mari, et de conserver aux yeux de tous la juste suprématie du chef de famille.

La femme obligée de gouverner, doit imiter la Providence qui dirige tout sans qu'on s'en aperçoive. Si jamais, chère Henriette, les circonstances mettaient les rênes du ménage dans vos mains, donnez à votre autorité ces deux formes: La bonne grâce et le ton de la prière. Sans quoi vous assumeriez un tort irrémissible aux yeux de Julien: Celui d'avoir trop raison.

La femme impérieuse trouve ordinairement dans son mari le plus insupportable des esclaves ; la femme soumise en fait bien vite le plus doux des maîtres.

Ne demandez jamais à M. de C. où il va,

c'est le moyen de le savoir presque toujours ; n'ayez pas l'air de lui tracer sa ligne de conduite, et il ne fera guère que ce qu'il vous plaira. Gardez-vous *d'exiger*, vous auriez des refus ; *priez*, et vos désirs seront des ordres.

Tel est, mon enfant, le cours naturel et providentiel des choses: Tenez-vous ferme au second plan ; votre Julien vous appréciera mieux. Loin de lui porter ombrage, votre bon jugement, votre vive intelligence, votre solide instruction, flatteront secrètement son orgueil comme un hommage, puisque votre tendresse mettra tous ces trésors à ses pieds. Il sera fier de vos mérites devant le monde, et dans l'intimité de la famille, heureux de compter sur son *ange de bon secours*.

LETTRE XI

Le Révérend Père de S. à Madame de C.

COUP D'ESSAI. — SE COMPRENDRE. — IL FAUT ÊTRE UNE INTELLIGENCE, UNE AME. — ART DE CHASSER L'ENNUI. — LA FEMME, CŒUR DE L'HUMANITÉ. — SE FAIRE AIMER. — INFLUENCE D'UN HEUREUX CARACTÈRE. — GAITÉ. — SÉRÉNITÉ. — LES COUPS D'ÉPINGLE. — LE TOIT QUI DÉGOUTTE. — POSSESSION DE SOI-MÊME. — HISTOIRE D'UN VIRTUOSE. — MAXIMES DE MADAME LOUISE DE FRANCE.

Vous ne savez, ma chère enfant, si l'occasion d'être un ange de bon secours auprès de Mr de C. vous sera jamais offerte. — « Julien, dites-vous,
» est si accompli en toutes choses, il a des con-
» naissances si variées, des aptitudes si diverses,
» des talents si *impromptus*; il est si actif, si pré-
» voyant, si alerte, si attentionné, si riche en à-

» propos qu'un *aide* semblable serait pour lui du
» luxe inutile. »

Que signifie ce bel enthousiasme, petite filleule?
Seriez-vous tentée de vous croiser les bras, persuadée que vous n'avez rien à faire, puisque votre
mari est absolument parfait? Mais les soins du
ménage? En quelques lignes rapides — j'allais
écrire furtives — vous m'avouez avoir toute seule
présidé à l'ordonnance de votre maison. Vous
ajoutez plus rapidement encore: — « Mon mari
paraît enchanté de ce coup d'essai. »

Tant mieux. Vous remplissez ainsi dans les
détails les plus humbles, c'est vrai, mais les plus
essentiels, votre mission de bon secours. N'allez
pas maintenant vous endormir sur vos lauriers de
ménagère ; il faut que Julien sente réellement
auprès de lui une intelligence, une âme.

Dans sa dépendance volontaire ou pour mieux
dire, *acceptée* et *chérie* —, la femme ne doit
jamais cesser de viser à la parfaite harmonie des
esprits et des cœurs.

« Ce qui permet de s'aimer ou du moins de se
» plaire toujours, observe Mme de Girardin, c'est
» de se comprendre. »

Soyez assez attentive, assez sérieuse, assez instruite pour vous intéresser aux études ou aux travaux
de votre mari. S'il cause avec vous, ne l'obligez

point par votre légèreté ou votre ignorance, à vous entretenir d'objets futiles qui l'ennuient, tandis qu'il éprouverait une réelle délectation à vous initier aux idées qui l'occupent. Rien ne dégoûte du tête-à-tête comme l'impossibilité de trouver des sujets de conversation d'un intérêt commun aux deux interlocuteurs.

Eh! bien, Henriette, ici encore, le grand art est de s'oublier soi-même. Apprenez à *causer* avec votre mari. Actuellement, rien ne vous semble plus facile. Vous le retenez des heures charmé de votre babil. Mais, soyez-en sûre, son esprit n'écoute guère. Son cœur seul vous entend et l'enchaîne. Plus tard il n'en sera pas ainsi; vous aurez des difficultés, peut-être insurmontables, à renouer ces longues causeries, à retrouver le charme de ces heures intimes.

Étudiez donc à l'avance le moyen d'éveiller l'intérêt de votre mari dans la conversation, sachez les sujets qui lui plaisent, qui l'excitent, qui l'entraînent à s'épancher. Parfois, je vous le répète, la tâche sera ardue; mais si vous triomphez, vous aurez vaincu pour toujours, votre ennemi le plus cruel: — *L'ennui.*

Ange de bon secours, faites oublier le poids des heures. *Ange de consolation,* répandez vos baumes divins sur toutes les souffrances.

On peut dire de la femme en général qu'elle est tout cœur.

Quand le Tout-Puissant voulut donner à notre premier père la femme pour compagne, il le toucha, non pas au front où s'élabore la pensée, mais bien à ce côté vivant où siége l'amour. Née du cœur de Dieu et du cœur de l'homme, la femme devait être le cœur de l'humanité : Un ange de consolation.

Compatir, consoler, c'est votre mission, Madame, comme autrefois l'ange à Gethsémani. Dieu vous a donné tout ce qu'il faut pour la bien accomplir. Il a fait du cœur de la femme un trésor de tendresse qui toujours s'épanche et jamais ne s'épuise. Il y a déposé des délicatesses si aimables et des amabilités si délicates, qu'elles ne peuvent pas ne pas consoler. Elles sont si spontanées qu'elle semble les ignorer elle-même, et c'est ce qui en fait le charme. Elles s'exhalent de son âme comme le parfum de la fleur que l'on ne voit pas mais que sa suavité révèle. Pas de douleurs si vives qu'elle ne sache amortir; pas de cœur si navré où elle ne verse une consolation avec une espérance! Aussi lorsqu'Adam perdit avec l'innocence, le bonheur, Dieu lui ôta tout hormis sa compagne, afin que l'exil lui parût moins amer, et que dans ses douleurs il lui restât quelque chose du Paradis.

Je ne m'étonne donc pas de ces accents de l'Esprit-Saint. — « Heureux l'homme à qui Dieu a » fait don d'une bonne épouse; elle doublera le » nombre de ses jours en y répandant le charme » de ses saintes affections. Une femme sainte res- » semble à la lampe du sanctuaire qui veille » toujours et s'épuise en silence. C'est une co- » lonne d'or sur une base d'argent. »

Comprenez bien, Henriette, ce noble et doux symbolisme; comme une lampe à l'autel, votre âme doit briller d'une pure flamme et répandre autour de vous de suaves clartés. Il faut qu'en vous l'amour et la vertu rayonnent. Dans vos regards, par la douceur; dans votre sourire, par la grâce; sur votre front, par la sérénité. Soyez vraiment la magicienne qui ne laisse personne échapper à son charme. Faites-vous aimer.

Etre aimé, c'est être heureux, mais c'est aussi communiquer le bonheur. On ne saurait exprimer la bienfaisante influence d'un caractère agréable dans la vie de famille. Ce n'est pas seulement une bonne parole qui arrête la colère près d'éclater, le froissement en apparence inévitable, le choc immi- nent... Le calme du visage, le rayonnement du regard suffisent parfois à prévenir ces tempêtes domestiques où sombre un jour ou l'autre l'union des cœurs.

La femme vraiment maîtresse d'elle-même fait régner dans sa maison je ne sais quelle paisible et lumineuse atmosphère qui imprègne l'âme d'un indicible sentiment de bien-être. Votre mari, comme vos enfants, comme vos domestiques, comme vos amis, ressentira l'effet de cette magie incomparable. Il aimera son intérieur; et, s'il s'en écartait momentanément, soyez patiente et confiante : il y reviendra.

Mais, pardon; votre captif pourrait-il songer à rompre un instant sa chaîne?... Quelle injure de le supposer, et combien j'étais malencontreux avec ma prévision sinistre!

Non, Henriette, n'ayez point de ces méfiances. Vous êtes heureuse, remettez à Dieu le soin de votre bonheur, puis, veillez vous-même sur votre gaîté; conservez-la précieusement; défendez-lui d'être étourdie, insoucieuse ou trop bruyante; mais toujours vaillante et franche. Donnez-lui les allures de bonne compagnie indispensables dans votre situation; commandez-lui ensuite d'accompagner comme une sœur jumelle, vos devoirs quotidiens. Elle leur sera d'un grand secours, je vous le prédis; son élan soulèvera bien des difficultés; son charme écartera bien des épines.

La gaîté douce est l'épanouissement de la bonté. Durant vos jours heureux, chère enfant, soyez gaie avec à-propos, avec grâce, avec finesse. Si les contrariétés, les ennuis arrivaient suivant leur coutume, sans être désirés, si même le chagrin se permettait d'entrer chez vous, la gaîté s'envolerait, sans doute, mais retenez le calme à tout prix; sachez demeurer sereine. Vous le devez, vous êtes l'ange du bon secours, vous êtes l'ange de consolation. Il ne vous est pas permis de vous affaisser, il vous faut tendre la main à d'autres faiblesses, soutenir d'autres courages. Pleurez, si la douleur est trop forte, mais en pleurant, n'oubl'ez pas d'essuyer les larmes autour de vous.

L'exemple et le secours d'une âme forte sont la meilleure consolation que Dieu puisse nous réserver dans le malheur.

Au contraire, l'appréhension de voir ceux qu'on aime fléchir sous le coup qui nous frappe avec eux, double notre propre douleur d'une mortelle angoisse.

Epargnez à votre mari ces anxiétés cruelles. Il vous saura gré d'être courageuse et de ne rien ajouter à sa peine; il sera soulagé de vous voir calme; d'instinct, lui comme les autres, viendra se ranger sous votre égide. Sa force ébranlée prendra votre dévouement pour appui. Vous serez véritablement son ange consolateur.

Ont-elles jamais compris leur douce mission, ces

femmes capricieuses, inégales, violentes, qui ne sauraient vivre sans tourmenter ou quereller quelqu'un ?

L'affection la plus vivace meurt sous les coups d'épingle de ces insensées. Leurs perpétuelles tracasseries déconcertent les plus courageuses tendresses, mettent hors d'elle-même la plus patiente résignation.

— « Mieux vaut, dit l'Esprit-Saint, se retirer » sur le toit de sa maison et y subir toutes les in- » tempéries, plutôt que d'habiter dans un palais » avec une femme querelleuse. Malheur à l'homme » qui l'a trouvée ; il est semblable à celui qui met » la main sur un scorpion. »

L'Esprit-Saint dit encore : « La femme querelleuse ressemble à un toit qui dégoutte toujours. »

Faut-il vous expliquer cette divine parole ?

Rappelez-vous les jours orageux de l'été. Des vapeurs d'abord légères forment par degrés d'épais nuages. Le tonnerre gronde dans le lointain, se rapproche, et tout à coup la foudre éclate en bruits menaçants. La pluie, la grêle tombent. C'est un déluge.

Le soleil a disparu. Mais les nuages se dispersent, la pluie cesse, le soleil vient de nouveau répandre son joyeux éclat sur la campagne inondée.

Cependant, les toits dégouttent, dégouttent des

heures encore avec un bruit monotone qui fatigue l'oreille, et donne envie de s'éloigner pour cesser de l'entendre.

Voilà, chère Henriette, l'exacte peinture de l'intérieur troublé par une femme acariâtre.

Le front de cette femme se charge de nuages comme un ciel orageux ; son sourire (si elle sourit) devient sardonique, sa parole brusque, mordante ; la colère gronde sourdement dans sa voix taquine et sèche ; puis les plaintes arrivent de plus en plus menaçantes, comme le bruit croissant du tonnerre qui s'approche. Enfin l'explosion se fait en un débordement de cris, de reproches, parfois d'injures.

Le mari s'est éclipsé.

Quand il juge la querelle finie, le voilà qui reparaît, souriant, heureux et désireux d'oublier ce mauvais quart d'heure. Mais sa femme ne l'entend pas ainsi. Elle insiste, il faut qu'on s'explique, elle veut avoir raison quand même.

C'est le toit qui dégoutte !

Oh ! les tristes insensées, qui font de leur intérieur domestique un enfer, quand Dieu leur commande d'en faire un paradis.

Vous êtes bonne, Henriette, vous êtes intelligente et vous êtes gaie. Restez en possession de ces qualités essentielles. Je dis en possession, retenez-le bien : Nous possédons seulement ce que notre vo-

lonté et notre raison gouvernent. Vous ne posséde-
riez ni votre bonté, ni votre esprit, ni votre agréable
humeur, si le moindre incident pouvait les troubler
et vous empêcher de les appliquer à votre bonheur
et au bonheur de ceux qui vous entourent.

Ceci me rappelle l'histoire d'un excellent homme
qui passait pour un virtuose émérite, et possédait,
suivant la chronique, un *Stradivarius* admirable.
Les amateurs de bonne foi l'invitaient à leurs soirées musicales. Il s'y rendait sur leur vives instances.

Nul ne voyait sans émotion l'incomparable *Stradivarius* sortir de son fourreau de velours. Un
frémissement de curiosité et de joie parcourait
l'auditoire : On allait donc entendre ce grand talent sur cet instrument sans rival !

Mais le premier coup d'archet brisait une corde.

Grâce à cette infaillible accident, jamais le virtuose ni son violon ne justifièrent la réputation
acquise.

Ce qu'il y a de plus étrange, c'est qu'ils la con-
servèrent toujours.

Eh ! bien, chère Henriette, je sais beaucoup de
femmes semblables à ce prétendu virtuose. Elles
jouissent d'une réputation de bonté, de douceur,
d'amabilité qu'elles se gardent bien de démentir
au dehors ; mais s'il faut le justifier chez elles, au

moindre choc la corde casse, la bonne humeur s'en va, l'égoïsme remplace la ·bonté, et l'esprit devient méchant.

Ces femmes que le caprice ou la vivacité emportent ne sont vraiment pas en possession réelle de leurs qualités, puisque ces qualités leur échappent dans les occasions même où elles seraient le plus utiles.

Il n'est pas difficile d'être bon quand tout le monde vous comble de prévenances; le manque de bonté serait alors de l'ingratitude.

Quel mérit d'être patient lorsque rien ne vous contrarie !

On n'a pas non plus grand'peine à se montrer aimable avec ceux qui vous sont parfaitement sympathiques

Mais la vraie bonté donne sans songer à recevoir. En se prodiguant, elle voudrait au contraire défendre le retour, car c'est Dieu qui la paie, et tout ce qui vient des hommes lui paraît diminuer cette gratitude divine, qui lui suffit.

La véritable égalité d'âme se joue parmi les contradictions et les obstacles comme le rameur habile déploie avec orgueil son adresse et sa force au milieu des flots soulevés.

L'amabilité qui vient du cœur ne distingue personne; elle n'a pas ces degrés, parfois blessants, qui semblent dire : « Vous me plaisez ou vous me déplaisez. » Elle a pour tous le même sourire, et c'est logique, n'étant elle-même qu'une forme gracieuse de la charité.

Pénétrez-vous de ces principes, chère Henriette. S'ils contrarient vos penchants, je vous dirai comme Mme Louise de France aux novices du Carmel ;

« Ce qui vous répugne, faites-le plus assidûment ; si une personne vous déplaît, au lieu de la fuir, recherchez-la. Si une conversation vous fatigue, mais plaît à d'autres, gardez-vous de l'abréger, etc. »

Au fond, ces maximes de la perfection chrétienne ne sont que le secret d'être heureux et de rendre heureux par l'oubli de soi et le dévouement.

Vous aurez maintes fois, dans la vie sociale et dans la vie de famille, occasion d'en constater la valeur. En attendant, dites-moi bientôt ce que vous pensez de cette austère sagesse.

DEVOIRS DE LA JEUNE FEMME

LETTRE XII

Madame de C. au Révérend Père de S.

L'IDÉAL DU SACRIFICE. — DOUBLE ASPECT DE LA VIE. — L'ÉGOISME ET L'AMOUR. — L'OISEAU BLEU — UN SOURIRE ALARMANT. — L'INTÉRIEUR DU POËTE X. — AME POUR AME.

Mon opinion sur votre austère sagesse, cher père ? Elle était d'abord bien mauvaise, je l'avoue. Aussitôt votre lettre lue, fantaisie me prit de voir au complet dans la vie de Mme Louise de France la série des conseil donnés par la princesse car-, mélite à ses novices. Il me sembla y trouver, dis-séqués, en petites règles précises et pratiques, l'idéal du sacrifice individuel, la science de l'immolation du *moi*. J'éprouvai un vague sentiment d'admiration : c'était déjà un hommage. De ces maximes se dégageaient, comme un rayonnement, des trésors de bonté et des trésors d'amour.

— L'amour, ainsi manifesté, ainsi dirigé tout le long de la vie, ne serait-il pas dans sa voie normale ? — me disais-je.

Cette sublime page de l'imitation me revenait à la pensée.

« Celui qui aime est toujours dans la joie : il court, il vole, il est libre, et rien ne le retient. »

« L'amour ne sent point la peine, il n'estime rien le travail ; il entreprend au-delà de ses forces et ne s'excuse point sur l'impossibilité. Son courage lui suffit pour tout ; et lorsque celui qui n'aime pas, n'a que de la langueur, l'amour trouve des forces pour venir à bout de toutes choses. »

« Il ne se lasse point dans les grands travaux, il ne se resserre point dans l'affliction, il ne se trouble point dans les frayeurs qu'on lui donne, mais s'élève toujours comme une flamme vive et ardente, et redouble sa vigueur par tout ce qu'on lui oppose pour l'arrêter. »

Ce langage avait pour moi une clarté nouvelle. Je comprenais cet élan, cette force, cette joie de l'âme qui aime, et se donne, et se prodigue uniquement parce qu'elle aime. Aux rayons de ce lumimeux symbole, la vie prenait à mes yeux deux directions contraires. D'un côté, la patience, le sacrifice souriant, le dévouement qui s'ignore, la bonté qui se multiplie, la paix, la joie, avec l'amour; de l'autre, l'ennui, le dégoût, les moroses fatigues, les défaillances du caractère, les inégalités de l'humeur, tristes fruits de l'égoïsme.

Je voyais cela, et je n'étais point gagnée. Il me semblait écrasant de se dire : — Tu seras toujours bonne, toujours égale, tu ne compteras pour rien tes goûts, tes idées, ni ta volonté. Si fait, pourtant, tu les compteras lorsqu'ils pourront contribuer à rendre heureux les êtres aimés qui t'entourent. Tu n'as plus une minute à vivre pour toi-même, pas une seule de tes respirations à te consacrer désormais. Ton *moi* n'est pas mort, mais tu le tiendras étouffé sous l'étreinte victorieuse du véritable amour; qu'il faille travailler, souffrir ou mourir, tu n'écouteras jamais ses conseils ni sa plainte.

Oh! cher père! quelle dure loi! Parfois, je me sentais au cœur assez de flamme pour envisager avec une sorte d'ivresse l'immolation personnelle, jour par jour renouvelée. Songeant, d'ailleurs, aux conditions actuelles de ma vie, si embellie et si facile, mon sacrifice me paraissait bien doux; mais sous cette impression, surgissait je ne sais quel mélancolique tableau de l'avenir qui m'oppressait le cœur comme une lointaine vision du Calvaire !

J'étais, en vérité, bien près de manquer à l'une de vos plus essentielles prescriptions. J'allais perdre bonne humeur et sourire.

On dit la perfection fatigante, je crois qu'elle l'est surtout pour ceux qui veulent l'atteindre.

A ce moment, elle me faisait l'effet d'un oiseau bleu, caché dans les broussailles, au sommet d'un roc inaccessible. Je me sentais peu d'attraits pour l'oiseau chimérique, et beaucoup de répugnance pour l'aride rampe à gravir.

Au milieu de ma méditation, j'entendis la voix de Julien fredonner un air d'opéra, et le pas ferme et léger de mon mari, qui se dirigeait vers ma chambre.

Votre lettre était encore ouverte sur mes genoux. Julien la prit, y jeta un coup d'œil, puis me la rendit avec un sourire où perçait comme une velléité d'ironie.

Ce sourire m'éclaira tout-à-coup.

Oui, vous avez raison, cher père, oui, votre langage est celui de l'expérience. Je méditerai vos conseils, et je serai plus forte. Jusqu'ici, endormie dans le bonheur, je n'ai rien aperçu, rien observé autour de moi. Je ne me suis jamais demandé si l'harmonie des cœurs, aujourd'hui si parfaite et si vive, était bien profonde ; si rien ne viendrait la troubler.

J'ai imité les imprudents qui s'endorment dans leur frêle embarcation, se fiant aux flots paisibles et au vent favorable. L'orage peut surgir. Je dois me tenir en éveil, connaître ma route, avoir la main au gouvernail.

Soyez tranquille, cher père. J'ai dormi, mais je me frotte les yeux ; me voilà sur pied et sous les armes. Si elle vient, l'épreuve ne me surprendra pas.

Julien est toujours charmant.

Sauf le sourire que je lui reproche, et qu'il voulait peut-être expier, je ne l'avais jamais vu se donner avec plus de grâce et d'entrain, la peine... je veux dire le plaisir d'être aimable.

Nous avions un nombre considérable de visites à rendre ce jour là. C'est chose si ennuyeuse que les meilleurs caractères n' y résistent pas. J'avais grande difficulté à dissimuler ma fatigue. Julien au contraire se montrait plus brillant et plus enjoué. Son esprit éblouissait tout le monde, c'était dans chaque salon, pendant le quart d'heure obligé, un véritable feu d'artifice, au milieu duquel le causeur inépuisable et séduisant ne manquait pas de lancer quelques fusées en mon honneur.

Vrai, cher oncle, j'étais plus intriguée que ravie de ce jeu étonnant. Il me semblait voir encore voltiger autour des lèvres de mon mari l'imperceptible sourire plein de mystérieuse malice.

— Voulez-vous terminer ce soir notre course au clocher par une intéressante visite ? me dit Julien en devenant songeur.

J'acceptai.

— Je vais vous conduire chez un ami excellent, le poète X. dont vous connaissez les œuvres charmantes.

— Je les connais.. de réputation, dis-je en rougissant un peu.

— C'est juste, reprit Julien. X. n'est pas un poète de sacristie, vous ne pouvez le connaître. Dans le milieu où j'ai eu le bonheur de vous rencontrer, les jeunes filles ne lisent en fait de poésie, que l'Abeille du Parnasse et leur recueil de cantiques.

Ce langage moqueur me faisait ouvrir de grands yeux. Julien sourit, me baisa la main, et reprit doucement.

— Nous lirons ensemble le joli volume de X..... Il vous plaira surtout quand vous en connaitrez l'auteur.

Encore une fois, le sourire suspect passa sur les traits de mon mari. Nous étions à la porte du poète. On nous introduisit dans un salon meublé avec goût. A ma profonde surprise, M. X. se présenta seul, menant par la main son fils, un superbe enfant sérieux et taciturne. Mon mari avait raison. Rien n'était plus agréable que la conversation de son ami. Chacun de nous oublia le quart d'heure réglementaire.

Tout à coup, le maître de la maison prête l'oreille d'un air sombre, et se tait. La porte s'ouvre, une grande et robuste matrone s'avance vers nous, le front illuminé d'un sourire plein de bonnes intentions, et nous salue avec non moins de bienveillance.

— Madame X., murmura Julien à mon oreille, car le poète est devenu muet et froid comme un marbre.

L'excellente femme m'embrasse cordialement, puis se tourne vers mon mari pour le féliciter, sans doute. M. X. la prévint.

— Ma chère amie, dit-il sans voiler son dépit, vous auriez mieux fait de rester à vos confitures.

Mme X. allait répondre : —

Elles sont faites.

— C'est bien, c'est bon, reprit son mari, lui fermant la bouche d'un geste impatient. Puisque votre besogne est finie, asseyez-vous donc ! Nous voulons causer et vous nous avez interrompus.

La pauvre femme obéit en silence. Ses bons gros yeux, après avoir suivi une à une toutes les parties de ma toilette, s'arrêtaient sur les miens dans l'intention bien évidente de me complimenter. M. X. avait renoué l'entretien avec empressement. Julien secondait le zèle de son ami; mais je ne pouvais me défendre de grandes distractions. Une folle envie de faire parler Mme X. me poussait, d'ailleurs; plusieurs fois j'interpellai la bonne dame. Mais tout en causant avec feu, son mari nous surveillait. Chaque fois que Mme X. ouvrait la bouche pour me répondre, M. X. intervenait brutalement afin de lui imposer silence.

J'étais indignée, et je ne cachai pas mon sentiment à Julien. Cette visite m'attristait comme si j'eusse vu quelqu'un à la torture.

— Bah! me dit Julien, cette brave femme n'a pas vos nerfs délicats; les rudesses de son mari glissent sur le robuste épiderme de son cœur. Le vrai malheureux dans ce ménage, c'est X. lui-même condamné à vivre côte-à-côte avec un automate. Encore, s'il en prenait son parti! Mais il ne se résignera jamais à réparer l'erreur de la nature en rangeant Mme X. dans la famille des ruminants, sa véritable origine. Il veut lui conserver à tout prix l'honneur d'appartenir à la race plus noble des bipèdes non emplumés. Ceci l'oblige à une vigilance perpétuelle. Vous l'avez vu pâlir quand son honnête moitié ouvrait la bouche. Il tremblait de lui entendre dire une sottise. Quel supplice pour un homme d'esprit !

Je ne voulus point contredire Julien, assez embarrasé déjà de défendre son ami. Une invincible compassion m'envahissait le cœur. On avait beau dire : Il y avait bien réellement deux malheureux, ou plutôt un malheureux et une victime dans ce ménage inégal.

Quelle prompte confirmation de vos bons avis, cher père ! Ah ! l'homme le plus fort, le mieux doué, a donc besoin de « n'être pas seul » suivant l'expression divine ! Il faut qu'il trouve un appui moral dans le cœur et la vertu de sa femme, parfois un secours dans son intelligence et son dévouement.

Julien aurait-il voulu me donner une leçon ? J'en doute. Néanmoins celle-ci me servira.

Mon mari, je le devine presque, aurait quelques propensions à me traiter comme une poupée habillée à la dernière mode, dressée à faire les honneurs d'un salon, et, par fortune, non moins apte à régler les menus quotidiens, voire même ceux de gala. Dans la vie intime je serais bientôt une agréable perruche redisant avec facilité les propos du jour et les mots courants.

Eh ! bien, non, ce rôle ne peut me suffire.

Moi, aussi, monsieur, j'ai une intelligence et un

cœur. Il faudra bien vous en convaincre, et me donner âme pour âme !

P. S. J'oubliais, cher oncle, de mentionner ma rencontre du lendemain. C'était le matin à la messe. Dès la veille je me préoccupais de savoir à quel degré arrivait la souffrance ou l'insensibilité présumées de Mme X. Qui avait raison, de Julien affirmant cette insensibilité, ou de moi qui pressentais cette souffrance. ?

Justement Mme X. vint se placer à mes côtés dans l'église. Je profitai de notre voisinage pour lui exprimer mon regret de l'avoir si peu vue la veille, et lui témoigner le désir de nous retrouver. Elle me regarda étonnée, hésitante; la gratitude embellit un moment ses traits épais. Puis baissant les yeux avec tristesse....

— Merci, madame; vous êtes bonne me dit-elle; mais, *dans ma position*, je ne fais point de visites.

— Vous en recevez ? lui dis-je.

— Trop peu, madame.

— J'irai vous voir.

Son regard me remercia. Quand elle baissa de nouveau les yeux sur son livre, une larme mouilla le feuillet.

Il me sembla que cette larme tombait sur mon cœur.

Eh ! bien, je suis allée chez Mme X., j'y suis allée

plusieurs fois : Elle est bonne à toucher un cœur de pierre ; mais elle est bornée à révolter irrémédiablement l'amour-propre chatouilleux d'un homme du monde.

Tous deux sont à plaindre.

Encore une fois, mon père, cette leçon me servira.

DEVOIRS DE LA JEUNE FEMME.

LETTRE XIII

Madame de C. au Révérend Père de S.

DUCS DE BOURGOGNE A LEUR COUR DES COMPTES.
— LE BILAN DU MÉNAGE. — MA BELLE MIGNONNE!
MINISTRE DES FINANCES. — MON CHEF DE BU-
REAU — BUDGET ÉQUILIBRÉ. — MADAME POT-
AU-FEU. — REVANCHE EN POLITIQUE. — SE-
COND COUP DE TÊTE. — LA LEVRETTE DE SALOMON
ET LA COLLERETTE DE LA REINE DE SABA. — L'ES-
PRIT CONTRE LE CŒUR. — L'ARME INVINCIBLE.

Un succès! deux succès! D'abord, me voilà
classée par mon mari dans la catégorie des per-
sonnages utiles. L'ordre établi dans ma maison
prédisposait déjà M. de C. à me décerner cette
place. Lundi dernier, je l'ai obtenue. Voici comment,

Julien est très-généreux, très-large, mais nullement dissipateur. Il dit très-haut que l'homme le
plus riche, s'il veut conserver sa fortune, doit au
moins une fois par mois établir le bilan de ses finances. A ce propos, il cite l'exemple des ducs de
Bourgogne qui présidaient en personne leur Cour
des Comptes, et ne dédaignaient pas d'employer
leurs mains souveraines à former des rouleaux de
monnaie ; on leur réservait seulement la monnaie
d'or.

Après un tel exemple, le comte de C. peut bien
se permettre de manier même la monnaie de cuivre.
Il n'y manque pas, vous allez voir.

Lundi, j'eus la bonne fortune de le surprendre
devant sa table de travail chargée de comptes et
de registres qu'il feuilletait, la plume à la main.
Sa physionomie était presque soucieuse; à mon
arrivée, il fronça même un peu le sourcil; mais je
m'y attendais, et j'avais résolu de braver l'orage.

— Est-il permis de regarder dans ces livres par-
dessus votre épaule, mon seigneur? dis-je en riant.

Ma gaîté le désarma sans doute, car il me répondit assez doucement, sans toutefois dissimuler
une légère impatience.

— Aimez-vous donc les chiffres, ma belle mignonne ?

Ma belle mignonne !.......... Comme cela me

renvoyait vite à ma poupée ! C'était décourageant. Toutefois j'osai dire encore :

Si j'aime les chiffres? Je le crois bien ! Une ménagère !

Tout en parlant j'eus le bonheur de jeter les yeux sur ce mot, écrit, du reste, en grosses lettres :

— *Déficit.*

La somme qui suivait, cher père, était ronde.

— Qu'est-ce que cela? m'écriai-je en posant mon doigt indiscret sur le mot fatal.

Le front de Julien se colora... et, vraiment, j'aurais voulu baiser cette rougeur qui semblait me venger enfin d'une supériorité trop consciente d'elle-même, trop dédaigneuse de l'infériorité d'autrui. Mais ce n'était ni le moment de s'attendrir, ni celui de se plaindre.

— Cela, ma chère enfant, reprit Julien, avec une bonhomie forcée, cela représente tout uniment nos fredaines: — Voyage en Italie, réceptions brillantes au retour, rajeunissement complet de mon vieux château, mise à neuf de notre appartement, toilettes et équipages... Enfin les folies que l'on se permet une fois, parce qu'une charmante fée, d'un coup de sa baguette, vous a mis l'esprit à l'envers. Tout homme sage devrait prévoir ces jours de prodigalité et d'égarement, faire des réserves en conséquence, afin de ne pas déranger l'équilibre de sa fortune quand la crise insensée arrive. Croyant peut-être échapper au sort commun, je n'avais rien amassé pour l'heure critique. Vous avez fait mentir mon orgueil, Henriette ; il faudrait me pardonner, si par hasard l'amour des chiffres réclamait en vous contre les malversations de ma tendresse?

— Mais, repris-je, sans répondre à son discours, est-ce bien la balance de vos dépenses et recettes de l'année courante, que j'aperçois au bas de cette page ?

— Oui.

— Eh ! bien, si l'on réduisait la dépense de manière à ménager ce qu'en style budgétaire on nomme l'amortissement ! Vous diviseriez ce remboursement en plusieurs annuités, et, de la sorte, sans trop de préoccupations ni de gêne, le capital serait rétabli.

Positivement, cher oncle, Julien était stupéfié.

— Vous avez de ces idées-là ? s'écria-t-il.

— Tout comme la première venue, répondis-je. Si vous daignez me confier l'examen de la question, je vous ferai mon rapport, et j'espère bien trouver une solution satisfaisante.

— Ceci est prodigieux ! fit Julien en riant de bon cœur, cette fois. J'aurai donc un parfait ministre des finances?

Il se leva, et m'offrant son fauteuil et sa plume.

— Excellence, entrez en fonction, me dit-il.

— Non, répondis-je non, Monsieur; j'entends rester simple chef de bureau sous votre autorité dirigeante. J'emporte d'abord vos registres dans ma chambre où j'ai aussi les miens.

— Rappelez-vous que votre rapport doit-être un chef-d'œuvre.

— Soyez tranquille. Je n'oublierai même pas un centime d'intérêt.

Vous vous en doutez, cher père; ce fut mon propre budget qui supporta presque toutes les réductions. D'avance, j'avais aperçu la possibilité de certaines réformes économiques. Je les réalisai avec assez de bonheur dans mon plan financier.

J'étais émue, je l'avoue, lorsque je plaçai sous les yeux de mon mari le nouveau calcul de nos dépenses couronné (passez-moi ce mot triomphant,) couronné par un excédant de recettes qui, en trois années, comblait le déficit du capital. J'avais aligné mes chiffres sur une belle feuille de vélin, selon toutes les règles prescrites par Barême. Julien prit la pancarte en silence et l'examina longuement, comme s'il eût réfléchi en vérifiant mes additions. Puis il me regarda d'un air que je ne lui avais jamais vu.

— Je serais tenté, me dit-il, de déchirer cette feuille où vos sacrifices personnels prennent malgré vous l'irrésistible éloquence du chiffre. Vous avez voulu les masquer autant que possible, je m'en aperçois à votre manière de grouper les dépenses. Ces précautions ont un parfum de délicatesse qui vous trahit. Peut-être devrais-je refuser ce modeste dévouement ; mais je crois mieux vous récompenser en vous en laissant l'honneur, et en gardant pour moi la gratitude.

Il était sincère et vraiment touché, je le sentais. Je pensais à vous, cher guide. Il me semblait vous entendre me dire tout bas : — « Courage et persévérance, ange de bon secours ! »

Mais les impressions sérieuses s'effacent vite dans l'esprit de Julien. Le soir même, mon spirituel mari faisait à ma mère, en ma présence, la plus jolie peinture humoristique de la *dame pot-au-feu*. Je me gardai bien de prendre la mouche. Pourtant, je souffrais... Soit qu'il s'en aperçût, soit qu'il jugeât avoir suffisamment réagi contre l'impression de notre colloque financier, il posa tout à coup son doigt sur mon front.

—Savez-vous, madame, dit-il à ma mère, que nous avons-là une bonne petite tête ? Au besoin, on pourrait compter sur elle.

C'est sûr, il me considère comme une sorte d'intendant fidèle et dévoué. De ce côté, du moins, j'ai une place acquise dans sa confiance et dans sa vie.

6

C'est quelque chose; mais c'est bien peu! Je suis capable de tout pour obtenir davantage. Le croiriez-vous, mon père? La semaine passée je m'enfermais une heure par jour afin de lire... Devinez?... Les comptes-rendus officiels des séances parlementaires. Mon mari s'occupe avec ardeur de toutes les questions publiques. Il en est qui soulèvent en ce moment tant de controverses! Il m'a semblé indispensable d'en avoir une idée, bien résolue d'ailleurs, à ne point divulguer ma hardiesse, si l'occasion ne m'y poussait. Lundi, un orage nous obligea de passer la soirée au château de C.

Cinq heures de tête-à-tête, c'est quelquefois bien long !

J'employai d'abord les ressources ordinaires : Les cartes, deux ou trois romances, un peu de causerie. Julien est un médiocre joueur. Musicien, il l'est, mais il a simplement pour la musique ce goût d'amateur qui ne souffre pas d'excès. Au second couplet de ma troisième romance, il dépliait son journal avec mille précautions ; au troisième il lisait furtivement.

Je m'interrompis au beau milieu du couplet, et me tournai brusquement vers mon coupable auditeur.

En vérité, — je lui en sais un gré infini, — il se troubla !

Je me mis à rire si fort et de si bon cœur, que toute ombre de querelle s'envola aussitôt.

Julien jeta le journal avec le geste d'un homme heureux de repousser une tentation importune. Mais je ramassai la feuille, et m'installant près de la table, j'entamai une série de questions auxquelles mon mari répondit d'abord par pure politesse; il se croyait si certain de n'être pas compris! Force fut, pour aiguillonner sa verve et fixer son attention, d'entamer sous prétexte d'ignorance une petite polémique. Piqué à ce jeu, mon adversaire s'anima; je tins ferme; la discussion devint serrée, ardente; elle nous absorba positivement.

Mon rôle était facile, tout préparé par mes récentes lectures. Julien m'avait bien vite laissé deviner à quelle opinion il appartenait dans les questions controversées à la tribune. Je m'empressai de soutenir l'opinion contraire, et grâce à l'attention sérieuse que j'avais mise à cette singulière étude, servie d'ailleurs par mon excellente mémoire, je me trouvai à même de faire une opposition vigoureuse. Vous vous en doutez bien, cher oncle, avant de clore le débat, Julien eut la satisfaction de me « *gagner à son groupe* » comme on dit au *Journal officiel*.

La pendule du salon sonnait minuit. —

Si tard ! s'écria l'heureux vainqueur. Henriette, vous êtesla fée qui enchante les heures.

S'essuyant le front comme un orateur lassé par une difficile victoire, il promena son regard|sur les profondeurs à demi-éclairées de notre vaste salon désert. —

Vraiment, reprit-il, s'il fallait vivre icen ermites, 'on serait heureux de pouvoir causer de la sorte une fois par semaine.

J'étais vengée du portrait de *Madame Pot-au-feu.* Il m'en restait cependant quelque rancune.

Peu de jours après, au milieu d'une société nombreuse et superlativement élégante, parmi laquelle s'étaient égarés deux vieux érudits et un artiste, ces trois messieurs eurent l'audace d'essayer une *a parte* à demi-voix. J'étais près d'eux, les écoutant d'une oreille, fort tentée de m'embarquer dans leur galère. A deux pas du groupe savant et vénérable, Julien alarmé m'observait.

Tout à coup, l'artiste pose cette question : —

—Quelle est la voie nouvelle ouverte dans la littérature par nos écrivains modernes?

—On ne sait trop, répondit le premier érudit. Ils ont abordé tous les genres...

—Mais tous les genres connus étaient créés déjà, interrompit le second érudit.

— Il me semble, messieurs, dis-je presque à haute

voix, que vous oubliez l'observation et la description
de la nature, inaugurées dans les ouvrages de
M. de Chateaubriand.

Cette-réponse, entendue de tout le monde, je ne
sais par quel prodige d'acoustique, produisit une
stupeur générale. Julien pâlit. On allait chuchoter
lorsqu'une dame charitable sauva la situation en
se précipitant au piano.

L'artiste ni les savants enchantés ne s'étaient
aperçus de rien. Ils m'accueillaient à l'envi dans
leur petit cercle. J'y passai quelques minutes vraiment très-agréables; puis je m'éloignai, certaine
d'avoir gagné de ce côté trois sympathies. J'en
avais perdu ou compromis tant d'autres!

— Eh bien! me cria de loin la dame qui avait
sauvé la situation, commencez-vous à déchiffrer
les hiéroglyphes?

— Non, madame, ce serait trop pour un début;
mais je sais maintenant combien pesait le collier
d'or fin de la levrette favorite de Salomon, et de
quelle forme était la collerette de la reine de Saba
le jour où l'auguste voyageuse entra à Jérusalem.

On eut la bonté de rire; c'était m'absoudre, et
Julien, qui aime le courage, me rendit son amitié.

M. de C. voit très-bien que si je revendique,
auprès de lui surtout, le droit de penser et celui
d'apprendre, j'aime et recherche en premier lieu

6.

les attributions de mon sexe. La réputation de
femme savante me gènerait fort, si quelqu'un s'a-
visait de me la donner. Je hais la prétention, la
pose, vous n'en doutez nullement, cher père, mais
j'ai voulu, sur votre conseil, prouver à M. de C.
qu'il a auprès de lui « une intelligence, une âme. »
Ma tâche sera peut-être bien difficile. Plus je
m'affirme dans l'estime et dans la vie de Julien,
plus je vois percer dans les regards, dans l'accent,
dans les paroles de mon mari, une sorte d'impatience et de révolte. Il y a lutte au fond de son
âme, je le devine, je le sens. Mais, pourquoi? Ah!
mon père, l'antagonisme serait-il entre l'esprit et
le cœur? Entre le cœur déjà gagné par une vive
affection, tenté de s'abandonner sans réserve à
cette intimité profonde, inaltérable, éternelle, dont
le sentiment chrétien est la base; et l'esprit enve-
loppé de préjugés, d'erreurs qui l'entraînent du
côté du monde, si hardi en négations, si abondant
en sarcasmes dès qu'il s'agit de bonheur légitime
et de pure tendresse?

Oui, Julien s'effraie de me trouver une puissance morale qui le gagne insensiblement et s'annonce capable de le lier à jamais. Ce doux attrait,
pour lui, est une menace. Il a peur de ne plus
s'appartenir, et d'abandonner comme malgré lui
deux fétiches trop adorés: le tourbillon des plaisirs

mondains, et le courant des idées du siècle. C'est principalement l'amour-propre de l'homme à la mode qui milite contre moi.

Terrible adversaire!

Rapide désillusion!

Mais n'allez pas me croire découragée, mon père. Dans le combat qui s'engage, vous m'avez indiqué d'avance une arme invincible: *la douceur.*

MISSION DE LA FEMME CHÉTIENNE.

LETTRE XIV

Le Révérend Père de S. à Madame de C.

LA FEMME DOIT SANCTIFIER L'HOMME. — MOT D'UN GRAND ORATEUR. — LA FEMME PRÊTRE DANS LA FAMILLE. — CE QU'EN DISENT LES LIVRES SAINTS. — LA FEMME CATHOLIQUE. — SON ROLE AU COURS DES SIÈCLES. — LA FEMME MONDAINE. — MOT DE SALLUSTE. — VOTRE MARI EST-IL CHRÉTIEN?

C'est bien, Henriette, Vos *succés* ne m'étonnent pas; je les attendais. Votre intelligence et votre bon sens devaient les produire absolument comme un arbre greffé et cultivé avec soin donne des fruits savoureux.

Julien est content de vous. Jusqu'ici vous avez pris à tâche d'ajouter son estime à son affection, afin de compter pour lui autant que lui-même pour vous dans votre vie commune. C'était votre devoir, c'était votre droit; je le répète; vous avez bien fait.

Mais cela ne peut suffire.

Au-dessus de Julien, il y a Dieu.

Il faut que Dieu soit content de vous.

Et pour contenter Dieu, vous devez remplir la mission spécialement dévolue à la femme: celle de sanctifier l'homme.

Ecoutez: Les deux incomparables merveilles de la création sont l'intelligence de l'homme et le cœur de la femme. A qui donner la préférence? Je redirais volontiers le mot d'un grand orateur: — « S'il fallait dresser des autels à quelque chose « d'humain, j'aimerais mieux adorer la poussière « du cœur que la poussière du génie! »

Du cœur de la femme découlent tous les biens qui consolent le monde, mais aussi tous les maux qui le désolent, car la femme fait la famille sur le modèle de son propre cœur. Au cœur de la mère a été confié le soin de former l'enfance, c'est-à-dire l'avenir de l'humanité.

Il entre dans les desseins de Dieu de donner à la femme la part la plus active à la régénération du monde.

Saluez avec moi la très-sainte Vierge Marie!

Par Marie, associées à la paternité même du

Créateur, vous avez reçu la puissance d'engendrer des êtres à sa ressemblance.

Mère, vous devez sanctifier l'homme enfant; fille, édifier l'homme père; sœur, améliorer l'homme frère; femme, sanctifier l'homme époux. Ainsi avez-vous reçu de Dieu une sorte de ministère qui vous fait, on peut le dire *prêtre* dans la famille comme l'homme y est *roi*.

Vous êtes véritablement, vous aussi, ce flambeau resplendissant dont parle l'Evangile. Placée sur le chandelier domestique, vous répandez autour de vous la lumière de la foi. Vous êtes le sel mystique qui empêche les membres de la famille de se corrompre. Vous êtes ce vase de parfum céleste qui porte partout la bonne odeur de Jésus-Christ.

Mais on peut vous appliquer aussi cette parole terrible de Dieu à Caïn: — « Garde ton frère, tu m'en réponds. » — Ce qu'un saint Père traduisait par deux paroles aussi terrifiantes: « Vous n'avez » pas nourri votre frère par vos bons conseils, par » votre exemple. Malheureux! vous l'avez tué! »

Ecoutez encore nos Livres saints et l'expérience des siècles:

« C'est la douce amabilité de la femme, et sa » douceur aimable qui font l'homme vertueux et » bon.

» Le plus bel héritage comme la plus précieuse

» récompense que puisse recevoir ici-bas l'homme
» vertueux, c'est de rencontrer une femme selon
» le cœur de Dieu. Elle sera sa joie, son plus bel
» ornement comme le soleil levant est la joie et le
» plus bel ornement de l'univers. La femme ver-
» tueuse est la gloire et la couronne de son époux.
» Elle bâtit de rien la fortune de sa famille. Mal-
» heur à l'homme qui éloigne cette femme de lui;
» il éloigne le bonheur. »

A ces sublimes éloges de l'Esprit-Saint, qui
doivent vous rendre bien fades les menteuses flatte-
ries du monde, — ajoutons cette parole de l'une des
plus grandes intelligences de notre siècle:

« Si la force, la grandeur, la prospérité des
» peuples dépendent de la religion, la propagation
» et le maintien de la religion dépendent de la
» femme chrétienne. »

Cette mission religieuse de la femme, le R. P.
Joachim Ventura l'a admirablement fait ressortir
dans son beau livre: *La femme catholique.* Votre
rôle providentiel s'y déroule au cours des cinq
grandes époques de l'histoire de l'église; l'époque
de Jésus-Christ et des apôtres, l'ère des martyrs,
les siècles des saints, le Moyen Age, les temps modernes.

Tout d'abord c'est Marie qui se présente comme
le plus doux sourire de la miséricorde: Quelle

large part Dieu lui a faite dans le grand mystère de la régénération !

Après Marie, ce sont les saintes femmes qui, en assistant Notre-Seigneur et les apôtres, concourent à la fondation de l'Eglise. Plus tard, voyez le paganisme confondu par la pureté et le courage de la femme chrétienne. Elle arrose de son sang fécond la religion naissante. Elle donne au monde les Pères de l'Eglise, dont elle devient ainsi la *Mère*.

Dans la suite des âges, c'est la femme chrétienne encore qui soutient les docteurs dans leurs combats contre l'hérésie, forme les mœurs des peuples, convertit les princes et les nations barbares, crée les monarchies et les nationalités, surtout la nationalité française, procure les règnes grands et prospères, inspire les fondateurs des ordres religieux, met la main à toutes les œuvres de la charité, s'intéresse au maintien de la discipline et de la science dans le clergé, défend les évêques, soutient le pape, contribue enfin à tout ce qui se fait de grand et d'utile dans le Moyen Age.

Les temps modernes voient la même mission perpétuée avec le même zèle, empêcher que la sève catholique ne s'épuise ; si elle pouvait se dessécher partout ailleurs, cette sève, on la retrouverait dans le cœur de la France où Dieu se plaît à l'entretenir, à la renouveler par la femme chrétienne.

Voilà une bien glorieuse histoire. Comparez-la à celle des femmes tristement célèbres, méprisées au milieu même de l'encens qui les enivrait, et dont le nom est resté comme une souillure dans les écrits de ceux qui ont voulu les immortaliser.

Un mot de Salluste caractérise le rôle de ces héroïnes mondaines. Parlant de Sempronia, l'une des femmes les plus séduisantes et les plus scandaleuses de son siècle: « Elle chantait, dit-il, mieux « qu'il ne convient à une femme *honnête!* Elle « possédait un grand nombre de talents de ce « genre, *instruments de corruption!* »

Voilà le parallèle: La femme chrétienne sanctifie, la femme mondaine corrompt.

Vous êtes chrétienne, Henriette, que votre mission vous soit chère. Pour la remplir, faites vous *ange de bon conseil.*

Il y a lutte, me dites-vous, entre l'esprit et le cœur de Julien. Quelque chose en lui s'insurge contre votre douce influence et vous dispute une part de son âme. Ce *quelque chose,* ce mystérieux ennemi, je crains de le deviner, c'est la libre pensée, ou peut-être seulement l'indifférence religieuse. Voilà le point douloureux où le vide entre vous se fait sentir, où vos âmes souffrent parce qu'elles ne se rencontrent pas.

Depuis votre mariage, vous ne m'avez plus reparlé de la religion personnelle de votre mari. Il est né catholique, je le sais ; sans doute il a fait, au moment voulu, sa première communion? Mais depuis? Mais à présent? Quelle est sa foi? Votre silence là-dessus est trop éloquent, chère Henriette?

N'auriez-vous point songé à vous préoccuper des sentiments religieux de M. de C.? Je ne puis le croire.

En tout cas, songez à l'importance de vos devoirs sur ce point. Tout ce que Dieu vous a donné d'intelligence, de cœur, de délicatesse, vous devez le dévouer sans réserve à ramener vers Dieu le cœur et l'esprit de Julien. Tout autre rôle est secondaire à côté de celui-ci: *ange de bon conseil.* Si je vous en parle si tard, c'est que votre silence, imprudente enfant, semblait commander ma réserve. Mon intérêt pour vous et mon devoir l'emportent. Parlez, Henriette: Votre mari est-il chrétien?

MISSION DE LA FEMME CHRÉTIENNE

LETTRE XV

Madame de C. au Révérend Père de S.

PHILOSOPHE SPIRITUALISTE. — DÉFÉRENCE EXTÉ-
RIEURE. — LA CROIX, L'ÉGLISE. — APPRÉHEN-
SIONS. — ÉCLECTISME. — L'HONNEUR — UN MA-
RIAGE CHRÉTIEN. — L'AMOUR CHRÉTIEN NE MEURT
PAS. — UNE RÉVÉLATION DE L'IMMORTALITÉ. —
UN MOT CHRÉTIEN.

Non, mon père, Julien n'a pas la foi.

Vous m'avez avertie, vous m'avez conseillée
assez tôt ; j'ai fermé les yeux, je dois subir les conséquences de mon aveuglement ; mais à votre question je veux répondre avec franchise : Non, Julien
ne remplit aucun de ses devoirs religieux ; non,

l'esprit de Julien n'est plus soumis au dogme catholique. Le comte de C'est tout au plus un philosophe spiritualiste, persuadé que *les religions* sont nécessaires à l'ordre social, et que l'honnête homme doit un hommage extérieur de respect à tout culte religieux, à tout objet même consacré par ce culte. Ainsi, j'ai vu Julien se découvrir en passant devant la porte d'une église, ou devant une simple croix de pierre dans la campagne. Au cours de nos promenades champêtres, quand la cloche sonne l'angelus, si je m'agenouille au bord du chemin, il sourit et s'incline d'un air attendri.

Il est sincère dans ses démonstrations et les explique avec son éloquence tout empreinte de poésie. — « La Croix, dit-il, a vaincu le despotisme
« du vieux monde. Elle restera pour l'humanité un
« symbole d'affranchissement.

« Aux yeux du penseur, elle représente la justice
« et l'amour triomphant de la force par le sacri-
« fice.

« Et l'église ? L'église où l'homme à tout âge va
« nourrir ce besoin d'espérance immortelle, ce rêve
« d'infini qui le console de sa faiblesse, et lui fait
« envisager comme un gain, ce fatal écueil de la
vie : la souffrance ! »

J'aurais dû, mon père, quand il en était temps encore, chercher ce qu'il y avait de solides prin-

cipes sous ces discours séduisants. Je n'en pris pas
la peine. Peut-être avais-je peur de faire envoler
ma douce illusion. Quelle folie ! puisque la vérité
devait m'apparaitre sitôt ! Julien n'a point changé
de langage ; il ajoute même parfois en souriant:
— « Soyez tranquille, Henriette ; tourneriez-vous
au mysticisme, et tomberais-je dans la plus froide
incrédulité, il restera toujours assez du poète et de
l'artiste en moi pour comprendre vos sentiments
religieux, et les partager même, dans ce qui a trait
à l'imagination et au cœur.

Cette façon de me rassurer est vraiment navrante.
Le cruel me suppose uniquement effrayée d'avoir à
subir quelque gêne de sa part dans mes pratiques
religieuses. Il ne comprend donc pas que j'aime
son âme, que je la veux à moi, et qu'elle m'échappe
en refusant de se lier à la mienne par les mêmes
croyances ?

Ah ! mon père ! je n'aime pas moins Julien, mais
je ne l'aime plus avec sécurité. Ma paix intime est
perdue. Notre bonheur, je le sens bien, n'a d'autre
garantie que la durée d'un caprice.

En voyant Julien si bon, si affectueux, en cons-
tatant chaque jour mes progrès dans son estime,
je cherche à me rassurer :

« Comment changerait-il, me dis-je à moi-même,
» Comment perdrais-je mon empire sur son cœur,

» ma place dans sa vie, puisque mon amour et
» mon dévouement grandiront avec les années ? »

Et puis je songe aux mille séductions de l'existence mondaine, à ces piéges que l'esprit du mal
vient tendre parfois jusqu'au seuil du foyer le plus
pur ? Je m'effraie de ce funeste éclectisme si répandu autour de nous, et qui bouleverse la morale en
supprimant l'autorité du dogme chrétien. Julien
tourne visiblement à cette fatale doctrine. Si quelque égarement venait le saisir, quelle force de
conviction aurait-il pour résister ? Aucune. Quelle
fibre pourrais-je toucher en lui pour le rappeler au
devoir ? Je n'en connais pas.

Un homme du monde sans religion prend pour
guide l'honneur ; mais l'honneur appartient tout
entier à la vie extérieure ; dans la vie intime, il
peut, sans forfaire, s'accommoder de cruautés in-
conscientes, d'égoïsmes féroces qui martyrisent
chaque jour une pauvre âme aimante et délaissée.

Les cruelles appréhensions, mon père ! Ah ! ne
m'ordonnez plus de souhaiter à Julien des sentiments religieux. Lui en inspirer, c'est mon ambition suprême, c'est le seul appui offert à mon fragile
bonheur.

Je saisis avec empressement toute occasion
d'attirer sa pensée vers les hauteurs de la foi, les
beautés de la morale, les splendeurs du culte, la

sublime poésie du symbolisme chrétien. Il semble avoir pénétré mon intention, et m'attendre sur ce terrain avec une confiance railleuse. Sa manière d'envisager ces grandes choses et d'en parler me dépasse, en effet, de toute la supériorité de sa noble intelligence. Je l'admire, et lorsqu'il me voit ravie de son beau langage. —

« Etes-vous contente ? me dit-il en souriant. N'est-ce pas cela que vous pensez.

Hélas ! lui ai-je répondu un jour, puisque vous traduisez si bien ma foi, que n'est-elle aussi la vôtre !

Il eut un froncement de sourcil de mauvais augure ; puis, se ravisant : —

J'étais peut-être fait pour écrire la poétique du christianisme, dit-il avec une gaîté de commande ; mais je suis né trop tard ; M. de Chateaubriand m'a devancé.

Là-dessus il s'éloigna.

Peu de temps après, je fus plus heureuse. Mais c'est toute une histoire à vous raconter.

Nous avions pour voisin, à la campagne, un jeune ménage favorisé de toutes les conditions de bonheur : — beauté, affection réciproque, fortune, position brillante, relations choisies. Cette félicité avait déjà duré trois ans, augmentée depuis peu par la naissance d'une belle petite fille. C'est à l'occasion du baptême de cette chère attendue, que nous nous étions liés avec nos voisins. Une chute de voiture ayant retenu la marraine dans son lit, je fus priée de présenter pour elle la fillette aux fonts baptismaux. Cela nous obligea de vivre deux jours dans l'intimité de cette famille. J'y respirai une si douce atmosphère de paix et de tendresse ; l'union des cœurs me parut si vraie, dans le parfait accord des principes et la pratique des devoirs religieux, qu'il me sembla bon d'en retrouver souvent l'impression sereine. Julien ne mit point d'obstacle à nos rapports. Lui aussi était sous le charme. La belle et grave tendresse de ces deux époux chrétiens l'intriguait comme un problème, je m'en aperçus, et le touchait en même temps.

— Ah ! me disais-je, s'il pouvait souhaiter pour lui-même ce profond bonheur !

Cependant M. D., à la suite d'une absence de trois jours, nous parut préoccupé. En présence de sa femme, ses traits s'éclairaient comme à l'ordinaire ; mais dès qu'elle n'avait plus l'œil sur lui, cette gaîté factice faisait place à une expression de véritable désespoir.

Julien remarqua tout de suite ce changement dans la personne de notre ami, et m'en parla. Que pouvions-nous en conclure ? Nous retournions en vain le problème. Nos suppositions, n'ayant aucune base, nous laissaient la même incertitude anxieuse, après nous avoir intéressés un instant.

J'engageai de toutes mes forces Julien à interroger M. D. Julien promit de suivre mon conseil au premier moment favorable.

Hélas! projets superflus!

Un matin, M. D. nous écrivit ce billet incohérent.

« Ma femme se meurt; ma fille n'est déjà plus.
« Marie désire vous voir tous une dernière fois.
« Venez. Dans ce malheur, je suis bien heureux! »

—Serait-il devenu fou de douleur? dit Julien d'un air inquiet. —

Courons le savoir, répondis-je.

Une demi-heure plus tard nous étions auprès de nos amis en deuil de leur enfant. Le croup la leur avait prise dans l'espace de quelques heures. Soit douleur, soit par suite d'un refroidissement dont elle souffrait déjà, la jeune mère avait eu dans la nuit deux accès de fièvre pernicieuse; le troisième, c'était la mort; et la science se déclarait impuissante à le prévenir.

Instruite de cet arrêt, Marie avait réclamé tout de suite les secours de la religion. En même temps, une dernière pensée d'amitié avait amené mon nom sur ses lèvres.

— Vous êtes la plus chrétienne et la meilleure de mes amies, me dit-elle; aussi n'ai-je désiré que

7.

vous à cette heure suprême. Vous et... *lui*, ajouta-t-elle avec hésitation, en désignant Julien du regard. Il est salutaire de voir mourir ceux qui croient et qui espèrent; ne le pensez-vous pas?

—Ah! vous aviez deviné ma secrète torture, répondis-je en m'inclinant vers Marie, et mouillant d'une larme furtive son front baigné d'une froide sueur.

—Espérez, me dit-elle.

On apportait des cierges et des fleurs pour orner l'autel dressé dans un coin de la chambre. J'aidai à ces préparatifs, et malgré mon vif chagrin, je remarquai, non sans surprise, l'empressement presque joyeux avec lequel M. D. me secondait. La réflexion de Julien : « Serait-il fou? » me revint plusieurs fois à l'esprit. Cependant les traits de notre ami, quoique pâles et altérés, n'offraient aucun indice d'égarement. Un torrent de larmes les inondait sans troubler leur sérénité méditative, à travers laquelle brillait par éclairs, un rayon d'ineffable joie.

Julien, debout au pied du lit de la mourante, à demi-caché par la draperie, suivait nos mouvements, visiblement occupé à chercher sur le visage de M. D. le secret d'un douloureux mystère.

La touchante cérémonie commença.

Marie, les mains jointes, les yeux levés au ciel,

paraissait dans l'extase. Son mari, agenouillé à quelques pas, fixait sur elle un regard étrange, où l'allégresse triomphante avait tout à coup séché les pleurs.

Quand le prêtre se fut retiré, il y eut encore quelques minutes de silence et de recueillement profond dans la chambre mortuaire; puis l'agonisante fit un mouvement. Je vis ses yeux se tourner avec une expression de désir vers le berceau de sa fille morte. J'allai aussitôt prendre l'enfant parée dans son dernier sommeil comme au jour de son baptême; je la déposai doucement près de sa mère.

Marie me remercia d'un sourire; mais aussitôt une larme jaillit de ses yeux.

— Xavier, dit-elle à son mari qui s'était relevé et lui souriait; mon pauvre ami, si *elle* était restée, elle te consolerait.

Xavier prit les mains déjà glacées de sa femme, s'agenouilla près du lit, et baisant ces doigts qui essayaient encore de caresser son front.

—Elle est avec les anges, dit-il, nous le croyons tous deux.

Marie fit un signe de tête affirmatif.

—Qu'est-ce que cette vie, pour ceux qui attendent l'immortalité bienheureuse? reprit M. D. J'adorais notre enfant, Marie; elle était ma douce joie comme toi mon seul amour. Dieu sait les rêves de félicité que j'ai basés sur ces deux tendresses. Oh! je vous aimais! je vous aimais toutes deux comme si le monde n'eût renfermé d'autre bien que vous-mêmes. Vous me quittez! mon âme se désole. Mes bras voudraient vous faire entrer dans mon cœur pour vous y cacher et vous y retenir... Mais cette poignante douleur est folie. N'avons-nous pas la foi? Le sourire empreint sur les traits de ma fille morte me rappelle que les anges viennent prendre au berceau l'âme pure de l'enfant. Si d'un côté je regarde la vie avec ses épreuves, si de l'autre j'envisage la paix éternelle du ciel, puis-je me plaindre du choix que Dieu a fait pour un être mille fois plus cher que moi-même?

Il s'interrompit, les larmes étouffaient sa voix. Le regard mouillé de l'agonisante exprimait une sorte de stupeur admirative. Elle comprenait tout ce qu'il y avait d'héroïque tendresse de la part de Xavier, dans ce soin d'atténuer les regrets de la dernière heure.

—Et toi, ma sainte, reprit M. D., oserais-je te retenir pour mon bonheur, quand le paradis s'ouvre pour le tien? Oh! non, dussé-je vivre de longs jours dans ce vide étouffant créé par ton absence, non, je ne dirais pas à Dieu: — « O Joie infinie! qui désirez combler cette âme de vos délices, gardez encore vos bienfaits; laissez au cœur d'un mortel l'objet de votre prévenant amour; privez de vous, Seigneur, celle qui a voulu m'appartenir ici-bas, et que je ne sais aimer que pour moi-même. »

M. D. s'interrompit de nouveau. Pendant quelques secondes on n'entendit dans la chambre que la respiration oppressée de la malade.

Xavier se leva tout à coup, et soutenant dans ses bras la tête défaillante de Marie.

— Chère sainte, dit-il, Dieu, souverainement bon, a pitié du deuil des âmes; la mienne est en ce moment soutenue par une grande espérance. J'en ai la certitude, Marie, nous ne serons pas longtemps séparés. Ecoute.

Il se pencha à son oreille, et lui parla à voix basse.

Elle le regarda avec un dernier rayonnement de tendresse, sourit; puis ses yeux se fermèrent pour toujours.

Le secret ainsi confié à la mort, c'était le nom d'une maladie incurable dont M. D. se savait atteint depuis quelques mois. De là son muet désespoir au retour du mystérieux voyage qu'il avait fait seul pour consulter sur son état quelques sommités médicales. Ce légitime regret de la vie se transforma en espérance et en bonheur, sous le coup inattendu qui lui enlevait sa fille et sa femme.

La science n'a point menti. Développé par tant de secousses, le mal de Xavier a fait des progrès étonnants. Quelques semaines ont suffi pour conduire au cercueil cet homme si jeune et si bon. Nous l'avons vu tous les jours, et tous les jours, sentant sa fin plus prochaine, il manifestait plus de joie.

Ne me retardez pas ici par vos regrets, nous disait-il avec son doux sourire. Ne me retardez pas : *Elles* m'attendent !

Julien sortait toujours très-impressionné de ces entretiens. Un soir, après une visite prolongée à M^r. D, nous rentrions en voiture découverte. La lune se levait lentement devant nous. Le ciel prenait des teintes argentées qui laissaient à peine distinguer quelques étoiles. L'air était déjà frais, comme trempé de rosée. Nous suivions un chemin couvert où les hauts buissons d'aubépine et de chèvrefeuille en fleurs exhalaient des parfums pénétrants, et jetaient de grandes ombres. Ajoutez, mon père, ces bruits mélancoliques des premières heures de la nuit, songez qu'à toutes ces impressions extérieures se joignait pour nous celle de notre dernier entretien avec un ami mourant; vous comprendrez dans qu'elle espèce de recueillement nous étions tous deux. Il me semblait pourtant que nos pensées se confondaient et qu'il était inutile de recourir à la parole, quand le silence unissait si bien nos cœurs.

Enfin, Julien le rompit.

— Je n'ai jamais vu un homme quitter ce monde avec tant de hâte et de sérénité à la fois, dit-il. La croyance religieuse de Xavier n'est plus une déduction logique de son esprit ; c'est une certitude matérielle.

— Il parle d'une autre vie comme s'il l'avait connue.

— Dieu le console par cette certitude, commençai-je...

— Sans doute, Dieu est là, interrompit Julien ; mais ceci n'en reste pas moins un miracle du cœur. Xavier et Marie se sont assez aimés pour trouver dans l'étroite union de leurs âmes, dans l'impossibilité de la rompre, même à travers la mort, une révélation de l'immortalité.

Il s'arrêta, rêveur, et comme envieux de cet amour triomphant de nos ténèbres et de nos séparations douloureuses.

— Julien, dis-je, entraînée par ma propre émotion ; ils n'ont pu s'aimer plus que je ne vous aime ; mais leur tendresse avait une source commune : — Dieu ! — Leur vie un même but : — Dieu encore ! Ils n'ont jamais connu l'incertitude ni les appréhensions qui tourmentent les affections purement humaines. Dès le premier jour, ils ont compris que l'anneau mis à leurs doigt par le prêtre était le symbole d'un amour sans fin ; ils ont su que la grâce de Dieu serait le garant de leur fidélité mutuelle. Ils ont concentré l'un dans l'autre leur vie entière et leur éternité. Nul obstacle ne pouvait détruire leur union puisqu'il n'y avait rien dans leurs âmes qui ne fût identique, c'est-à-dire modelé sur le type du Christ, mystique époux de l'Eglise. Et quel doute serait venu troubler la confiance de deux cœurs qui se voyaient l'un l'autre dans ce divin Modèle?

— Ah! Julien, que n'êtes-vous désireux de ce profond bonheur! Pourquoi Jésus-Christ n'est-il pas le miroir où chacun de nous retrouve les traits et l'amour de l'âme bien-aimée ? Pourquoi me défendez-vous de vous aimer davantage en m'ôtant par votre indifférence religieuse, l'espoir si doux de vous aimer toujours !

— Mis sur la terre pour souffrir, serions-nous séparés, quand sonnera l'heure du repos bien-heureux?

— Julien, le pieux amour de Xavier, vous cause une sorte de jalousie ; mais, sachez-le, je mourrais avec transport, si en vous quittant, je devais vous laisser des espérances immortelles !

J'avais parlé, mon père, avec cette abondance

du cœur qu'une grande émotion peut seule donner. Julien me regardait, pâle de saisissement; je ne l'avais jamais vu si pénétré. Comme je levais les yeux afin de lire dans les siens, une larme jaillit sur ma joue. Il sécha cette larme par un baiser, et me dit d'une voix sourde qui trahissait un ébranlement profond :

— Henriette, priez pour moi !

Voilà, mon père, la première parole vraiment religieuse qui soit tombée des lèvres de Julien. Y verrez-vous une espérance, une vague promesse ?

DEVOIRS DE LA JEUNE FEMME

LETTRE XVI

Le Révérend Père de C. à Madame de S.

PAS DE MARIVAUDAGE! — L'EXEMPLE. — LES MÉ-
LOMANES. — LA FOI DU CHARBONNIER. — LE
MONDE EST UN CHAMP CLOS. — IL NE FAUT
PAS ÊTRE DÉSARMÉ. — ASSASSINAT MORAL. —
LA MÈRE QUI NE PEUT DÉFENDRE SES ENFANTS.
— INDIFFÉRENCE COUPABLE. — UNE CHRÉTIENNE
SANS PEUR.

Je ne veux point vous décourager, ma chère
Henriette, cependant ne comptez pas trop sur les
incidents plus ou moins romanesques où l'imagination exalte le sentiment. Ces émotions passagères,
purement nerveuses, — je vous parle en vérité
comme un lourd positiviste, — me paraissent de

véritables feux follets. Cela s'éteint tout à coup avec les circonstances extérieures qui l'ont fait naître, et ne laisse aucune trace dans l'esprit. Parfois même l'impression qui en reste aux natures légères et tant soit peu vaniteuses, n'est pas exempte de fausse honte ; il plane sur ces souvenirs comme un soupçon de ridicule qui finit par les rendre odieux.

Croyez-moi, chère enfant, peu de sentimentalisme, — j'allais dire insolemment : Pas de marivaudage ! — quand il s'agit de religion. Sans doute la doctrine chrétienne peut faire vibrer toutes les cordes de l'âme, depuis la plus énergique jusqu'à la plus tendre ; mais, avant d'agir ainsi sur le cœur d'une façon durable, il faut qu'elle ait pris un empire suffisant sur l'intelligence et la volonté ; sinon, celle-ci se dérobe à toutes les embûches du sentiment, et s'irrite, et se cabre, et se met en garde contre les surprises qu'on pourrait lui préparer.

N'éloignez pas votre mari en voulant trop l'attendrir. Vous ressembleriez à ces mélomanes qui, à force de rabâcher un air favori, finissent par le rendre insupportable aux oreilles lassées de leurs voisins.

Il sera beaucoup plus rationnel et plus habile, ma chère enfant, de prêcher d'exemple, et de prouver simplement la vérité de notre foi par la pratique d'une piété bien entendue.

Après cela, avec des hommes tels que Julien, peut-être même avec tout le monde, ne faudrait-il pas trop se contenter de la *foi du Charbonnier*? La guerre contre le dogme catholique est aujourd'hui générale. La négation se revêt de formes tantôt déguisées, tantôt audacieuses : elle pénètre partout ; là où elle craint d'écraser la foi de son pied brutal, ou de l'étouffer de sa main perfide, elle sème du moins l'objection qui engendre le doute. Grâce à l'immense diffusion des idées par la presse, la société se transforme en champ clos où chaque fidèle est appelé à combattre pour le Christ et son Église. Il ne convient pas de rester désarmé dans la lutte.

Autrefois, le cœur seul, avec ses passions fougueuses, semblait éloigner les hommes de Dieu ; aujourd'hui l'esprit s'en mêle ; la révolte est plus froide et plus tenace ; elle se raisonne et s'analyse elle-même ; on veut arriver à la conviction dans l'incrédulité. De là, pour le catholique, l'obligation de s'instruire.

Il n'y a rien de neuf dans l'arsenal de nos adversaires. Les armes qu'ils fourbissent et modifient sur de nouveaux systèmes, les athées, les matérialistes, les hérétiques de tous les siècles s'en servirent contre les croyants contemporains. Ceux-ci n'ont jamais manqué de leur opposer d'autres armes toujours victorieuses. Il s'agit d'étudier la stratégie de ces éternels combats.

En d'autres termes, Henriette, vous devez savoir ce qui se fait et s'écrit pour et contre la foi. Ne vous désintéressez jamais de ces questions sous prétexte qu'elles dépassent votre intelligence. Vous trouverez facilement des livres où elles seront mises à votre portée.

Que dis-je ? N'ai-je pas l'air de vous prendre pour un de ces petits cerveaux où n'entrent guère que la mesure d'une robe et les dimensions d'un cancan ! Vous avez, chère filleule, une intelligence que bien des hommes vous envieraient. Lisez donc les grands apologistes de la foi. Prenez bravement l'ardu sentier de la controverse ; faites-vous convaincre par les sublimes docteurs de la vérité révélée ; voyez auprès d'eux la faiblesse de leurs adversaires. Appuyée sur ces invincibles athlètes, n'étalez pas votre force, mais sachez la découvrir à propos.

Dans combien de familles se passe journellement cette triste scène : Un ami, un parent, trop souvent le père lui-même, se permet de lancer un sarcasme contre la foi, une accusation contre l'Eglise, une négation contre le dogme... Les enfants sont là, tout oreilles pour recueillir ce langage qui épouvante leur jeune conscience et flatte à la fois l'ins-

tinct de révolte enraciné au fond de notre nature
déchue. Un mot suffirait pour faire cesser en eux
la lutte secrète en laissant gain de cause à la conscience ; mais ce mot, qui le dira ? La mère ?... Sans
doute, c'est à elle de courir au secours de ces jeunes âmes menacées, presque séduites. Elle se jet-
tera sur l'erreur, cette sirène qui attire au gouffre,
et la brisera d'une main courageuse, élevant de
l'autre main le flambeau de la vérité pour éclairer
la route de l'enfant déjà indécis.

Hélas ! la malheureuse femme se tait... Son
ignorance lui ferme la bouche... Parfois cette ignorance lui cache une partie du mal qui peut résulter
de tels discours ; en aurait-elle une idée juste, que
faire ? Protester,. pleurer ; mais en définitive, impuissante à les défendre, courber la tête devant
l'assassinat moral commis sur ses enfants.

Êtes-vous certaine, Henriette, de n'avoir rien
de semblable à subir ? Et si, par impossible, la foi
religieuse des fils que Dieu vous donnera était at-
taquée en votre présence, voudriez-vous être em-
barrassée de répondre ?

« J'aurais mon cœur de mère, me direz-vous,
j'aurais les inspirations du bon sens et de la foi,
l'éloquence irrésistible du plus grand des amours,
justement alarmé. »

C'est bien ; cela pourrait vous donner une fois gain

de cause ; mais, dans le cours ordinaire de la vie, cela ne peut suffire. On réfléchit et l'on raisonne très-superficiellement aujourd'hui, c'est vrai, mais tout le monde veut raisonner, même les enfants. Pour les vôtres, la confiance dans la fermeté de votre esprit et dans l'étendue de vos lumières deviendra une force intime, et la meilleure défense contre les sophismes grossiers qui égarent le jeune homme à son entrée dans le monde. Vous donnerez ainsi à vos fils une religion solide, *enracinée*, capable de les guider et de les soutenir au milieu des embûches de l'erreur.

Il ne sera pas moins bon pour Julien de vous savoir *convaincue* dans votre foi religieuse. Si jamais il l'amenait sur ce terrain, soutenez la discussion avec calme, avec douceur, mais avec netteté, lucidité et décision. Qu'il vous trouve aussi éclairée qu'inébranlable dans vos croyances ; tâchez de vous montrer supérieure à lui, et de l'être en effet sur ce chapitre ; chose facile, si vous puisez votre force aux grandes sources, où nos libres-penseurs se gardent bien d'aller eux-mêmes, peut-être dans la crainte d'y laisser leur incrédulité. Vous sachant capable de repousser victorieusement ses attaques, Julien oubliera de les renouveler. Vous aurez écarté pour jamais de votre maison le scandale trop fréquent de ces polémiques acerbes où la profonde

divergences des esprits éclate à propos d'une ques
tion religieuse, et prélude à la division des cœurs

La femme doit être souverainement douce, a
solument soumise et dévouée, je vous l'ai di
Henriette ; j'estime aussi qu'elle doit se montre
également ferme dans le devoir ; et son premie
devoir est de rester, de *s'affirmer* chrétienne. C'es
pourquoi j'exige d'elle une instruction religieus
développée, avec assez de volonté et de dignit
sereines pour imposer le respect de ses croyance
même à un mari incrédule. Je désapprouve for
mellement l'indifférence de certaines femmes qu
semblent ne prendre aucun intérêt à ces questions
et n'ajouter aucune importance à l'irréligion tacit
ou déclarée du chef de la famille. Comme si le
enfants n'étaient pas là ! Comme si l'exemple d
père n'avait aucune influence sur leur avenir tem
porel et éternel !

Qu'ont-elles donc fait de leur cœur, ces mères
Ou plutôt qu'est devenue leur foi ?

Vous ne sauriez croire combien cette noncha
lance criminelle a des résultats funestes, combie
un peu plus de décision et d'énergie serait util
au bien.

J'ai connu un ménage très-uni de cœur, mai
entièrement séparé sur le terrain des principes re
ligieux. Le mari était un homme d'étude, et pas

sait pour un esprit distingué; la femme avait un ferme bon sens; elle était surtout fervente, catholique. Comme tout se tient dans le monde des idées, sa manière d'envisager la société actuelle ne répondait guère à la façon de voir d'un mari libre-penseur et libéral. Celui-ci était abonné et lecteur assidu d'un journal que je vous nommerai: le *Siècle*. Bannir cette feuille de la maison n'était pas possible. Bien des femmes se seraient contentées de ne pas la lire et de témoigner leur aversion pour ses doctrines. La femme dont je parle dit à son mari: « — Veuillez me donner un journal d'accord avec mes principes que vous connaissez bien. Vous ne me condamneriez certes pas à m'entretenir une heure par jour avec quelqu'un qui s'appliquerait à choquer mes idées, mes sentiments, et à s'exprimer en toutes choses d'une façon blessante. Vous ne pouvez pas davantage m'imposer, faute d'autre, la lecture d'une feuille qui me traite absolument comme ce persécuteur supposé. Vous n'exigerez pas non plus que, vivant à la campagne, je sois isolée du mouvement social comme un ermite de la Thébaïde. Ainsi, gardez votre feuille, mais permettez-moi d'en lire une qui me convienne. »

Le mari céda à cette prière. Un bon journal, que je vous nommerai aussi, *l'Union*, arriva désormais en compagnie du *Siècle*. D'abord le mari demeura rigoureusement fidèle à cette dernière feuille ; plus tard il lut les deux ; plus tard encore il se contenta de lire *l'Union* ; et, quelques années après, gagné par la saine raison, et par cette force du vrai, si puissante sur les esprits droits, il était aussi fervent chrétien que sa femme.

Cette mère de famille, excellente maîtresse de maison d'ailleurs, avait-elle eu tort de trouver insuffisante et vide la lecture d'un simple journal de modes ?

En vérité, mon enfant, trop de femmes se résignent à cette nullité intellectuelle que semble leur assigner un préjugé aveugle. Nous reviendrons plus tard là-dessus. Ce que je vous en ai déjà dit m'amène à un sujet non moins délicat : *les droits de la femme*. Je réserve pour ma prochaine lettre cette question si controversée aujourd'hui.

DROITS DE LA FEMME

LETTRE XVII

Le Révérend Père de S. à Madame de C.

ÉGALITÉ CIVILE DE LA FEMME. — LA FEMME NOTAIRE, HUISSIER, PROCUREUR, ETC. — L'ENFANT DEVANT LE DIVORCE. — LE DROIT AU BONHEUR. — DROIT A LA FIDÉLITÉ. — CE QU'EN DIT L'É-CRITURE. — CE QU'EN DISENT LA RAISON, LE CŒUR, L'ÉQUITÉ, ETC. — LE BAGNE AU FOYER. — DROIT AU RESPECT. — LA FEMME EST GRANDE. — RESPECT DE DIEU POUR LA FEMME. — DROIT A LA PROTECTION. — L'ANNEAU DE SAINT LOUIS.

Vous le savez, ma chère enfant, depuis près d'un siècle, notre société s'occupe bruyamment des *droits de l'homme*. Il y a des journaux qui prennent fastueusement ce titre. On se demande en les lisant comment il ne se trouve pas de publiciste assez spirituel, assez courageux pour opposer à ces feuilles une autre feuille intitulée : « *Les devoirs de l'homme envers Dieu, envers la société en général et la femme en particulier.* »

Diverses coteries s'occupent, il est vrai, de proclamer « l'émancipation de la femme. » Mais cette manière de reconnaître à votre sexe *des droits*, est-elle bien conforme aux saines données de la raison ? J'en doute, puisque, ici encore, il n'est pas question de devoirs. Les hommes qui jettent au vent ces doctrines semblent ignorer que *devoirs* et *droits* sont les deux poids égaux de la balance dans l'équilibre social.

Je ne vous apporte nul écho des réunions plus ou moins mêlées où d'excentriques héroïnes ont pu réclamer ce qu'elles nommaient *l'égalité civile* de la femme. Je ne voudrais pour rien au monde arracher la mère de famille au paisible foyer où elle berce son enfant, pour l'envoyer au *forum* ; je ne remplacerais jamais dans sa main *l'aiguille* par le *bulletin de vote.* On me persuadera difficilement qu'une gracieuse et charmante femme ait beaucoup à souffrir de ne pouvoir être notaire, huissier ou jûge de paix ; s'agirait-il d'une femme entièrement disgraciée de la nature, je lui préférerais pour elle le tablier de *cordon bleu* aux lunettes de procureur. Certaines aujourd'hui veulent être bacheliers, et même apothicaires; on ne doit point disputer sur les goûts; pour moi, je ne sais voir la femme nulle part à sa place en dehors du foyer domestique; c'est me mettre en parfait désaccord avec ceux qui attaquent ce foyer même, en repoussant comme une chaîne odieuse le lien conjugal infrangible.

Non, je ne reconnaîtrai jamais à la femme le droit de trafiquer de sa dignité et de son cœur; la loi qui lui permettrait de changer de mari et de famille au gré de son caprice, cette loi, tant réclamée, est vraiment odieuse. Elle a cette particularité atroce de ne tenir aucun compte de l'enfant, dans son mariage; suivant l'esprit d'une telle législation, l'amour maternel serait au-dessous de la passion illégitime. Que dis-je? On le sacrifierait à une rancune, à une simple blessure de l'amour-propre; on l'oublierait dans un moment d'humeur! Pour se venger des torts plus ou moins graves de son mari, la femme abandonnerait un ou plusieurs de ses enfants à l'étrangère, qui, le lendemain de son départ, viendrait occuper, dans la maison, la place désertée? Ah! les malheureux qui font ces ignobles rêves ont-ils jamais connu le cœur d'une mère?

Je ne viens pas réclamer à leur exemple l'émancipation ni le divorce; je veux la femme au foyer; je l'y veux captive de ses serments, enchaînée à ses devoirs; mais, sous ce joug, je proclame son

8.

« droit d'être heureuse. » Le bonheur, pour elle, se trouve dans la *fidélité*, dans le *respect*, dans la *protection* que lui doit son mari.

En affection, la fidélité est un droit réciproque ; elle fait partie de l'affection même ; tout cœur qui se donne sincèrement croit se donner pour toujours. Que penserions-nous d'un homme qui, nous offrant son dévouement ou son amitié, se réserverait, à part lui, de les reprendre dans un temps donné pour les transporter ailleurs ? Nous dirions que cet homme est fou, s'il n'est profondément égoïste. Tout le monde comprend, en effet, que la réciprocité soit, pour l'amour humain, une loi essentielle, une véritable loi d'équilibre, une condition de bonheur. L'amour seul peut répondre à l'amour, nul autre bien n'étant comparable à ce trésor de l'âme. Dieu lui-même, le Dieu infini, méprise nos œuvres, chétifs que nous sommes, si avant d'agir nous ne songeons qu'il nous aime, et nous ne commençons par l'aimer. Evidemment, notre cœur, quel que soit notre élan, ne pourra jamais se mesurer avec l'Amour sans bornes, la proportion se trouvant ici au-dessus de nos forces. Dieu se contente de nos aspirations ; mais dans l'amour humain l'égalité est possible, par conséquent nécessaire ; elle comporte, pour deux âmes qui s'unissent, les mêmes droits et les mêmes devoirs. La fidélité est le premier de tous.

« Le mariage est une fin » on l'a dit, et il suffit de lire la sublime page de la Genèse où Dieu même forme et bénit le premier lien conjugal, pour comprendre que le Créateur a voulu ce lien indissoluble. Nous trouvons d'ailleurs dans l'Ecriture cette parole formelle : — « Que l'homme ne sépare jamais ce que Dieu a uni. » — Après avoir reçu le serment des époux, l'Église ajoute : — « O Dieu ! faites que ces deux cœurs soient unis à jamais, et ne fassent qu'un en vous. »

Le cœur, la raison, la délicatesse, l'équité même tiennent un langage identique.

Est-ce aimer, aimer véritablement que de calculer le temps où l'on cessera d'aimer ? Telle est la juste plainte du cœur trop généreux et trop sincère pour se donner à moitié.

A son tour, la raison nous montre l'existence, le nom, l'honneur, tous les intérêts de deux personnes irrévocablement liées dans le mariage. — Et les cœurs ne le seraient pas ? nous dit-elle. Mais, alors, cette union, qu'une mutuelle tendresse rendrait si douce, n'est plus qu'une gêne mortelle : c'est le *bagne* transporté au foyer ; ceux qui ne veulent plus du mariage comme institution religieuse et sociale l'ont dit, et ils sont logiques. Mais vous qui reconnaissez la nécessité du mariage, vous qui l'acceptez, soyez logiques aussi. Ne le dénaturez pas, si vous ne voulez qu'il pèse sur vous comme un joug insupportable. Inclinez-vous devant ses devoirs et ses droits; prenez-le tel que Dieu l'a fait pour le bonheur de l'homme.

J'ajouterai : est-il délicat de recevoir ce qu'on ne veut pas rendre, est-il loyal de promettre ce qu'on ne veut pas donner? Conservera-t-il sa propre estime, l'homme qui, ayant à prononcer un serment clair, absolu, irrévocable, l'enveloppe mentalement de restrictions et de réserves. Cet homme est tout simplement un parjure à qui l'on peut dire: — Si vous étiez honnête vous avertiriez de vos dispositions intimes l'enfant qui vous dévoue sans-arrière pensée, comme à Dieu même, un cœur mille fois plus riche et plus pur que le vôtre.

Déjà ce mépris de la fidélité viole un autre droit de la femme, son droit au respect.

La femme doit être respectée parce qu'elle est *faible* et parce qu'elle est *grande*.

Je ne m'arrête pas à vous parler des abus de la force brutale contre cette faiblesse qui ne sait se défendre qu'en se faisant aimer. Grâce à Dieu, vous n'aurez pas à vivre dans un milieu barbare. On rencontre bien parfois des sauvages égarés au sein de notre civilisation... mais l'opinion les flétrit bien vite... et Julien ne leur ressemblera jamais.

J'aime mieux vous dire que la femme est grande aux yeux de la foi, et mérite le religieux respect de l'homme, parce que Dieu lui a fait de grands dons, et qu'il a opéré par elle les plus grandes merveilles qui étonnent le monde.

Écoutez :

Depuis quatre mille ans, Dieu préparait le genre humain aux mystères de la Rédemption. Il ne manquait plus à l'exécution de son dessein qu'une condition : — le consentement de l'humble Vierge de Juda qu'il voulait associer à son œuvre. Il va le lui demander, et voyez quel respect il daigne témoigner à la femme : il députe à l'heureuse élue un prince de la cour céleste. L'ange Gabriel adresse à Marie le salut le plus gracieux et le plus solennel que jamais femme ait entendu.

En apprenant les desseins de Dieu sur elle, Marie ne manque ni de foi ni de soumission, mais elle veut stipuler les intérêts de sa virginité, qu'elle croyait en cause. Chose étonnante ! Dieu ne s'émeut pas de cette résistance. Il attend que Marie donne son consentement libre, spontané, laissant ainsi, suspendue aux lèvres de la femme, l'œuvre de la Rédemption qui tient la terre et le ciel dans l'attente depuis quarante siècles.

Enfin la Vierge s'incline et dit : —

« Voici la servante du Seigneur, qu'il me soit fait selon votre parole. »

Alors, mais alors seulement, le Verbe incréé descendit parmi nous.

Quel respect de la part de Dieu pour la femme, et quelle haute leçon donnée à l'homme !

Dieu honorait en Marie la fille, l'épouse, la mère. Une société nouvelle commençait dans l'humble oratoire de Nazareth ; la famille chrétienne était là, prête à nous transmettre son immortelle devise : *Pureté, amour, dévouement.*

Nous trouvons encore dans ce type divin de la famille, l'exemple de la protection due à la femme.

A côté de Marie Dieu a placé un homme fort par l'abnégation, par le courage, par la patience. Pauvre, il gagne à la sueur de son front le nécessaire quotidien. Persécuté, il sauvera sans agitation et sans bruit ceux qu'il aime ; sur la terre étrangère, il réservera pour lui seul les difficultés et les misères de l'exil. Combien de soins discrets ! Quelle prévoyante et délicate tendresse ! Comment imaginer un plus noble emploi de la force physique, de l'intelligence et de l'énergie morale ?

Après avoir vécu quelques instants par la réflexion dans ce milieu céleste, où deux âmes si unies et si belles reflètent l'infinie perfection de l'Homme-Dieu, on ne peut songer sans dégoût à ces intérieurs souillés par l'infidélité ou troublés par la discorde. Le contraste effraie. On voudrait ignorer qu'il existe parmi nous des familles dont le

chef prodigue au dehors, à de méprisables idoles,
un encens ruineux et d'inconstants hommages ; on
se rappelle avec amertume les tristes réduits où
l'on a rencontré la mère en larmes et les enfants
sans pain, parce que le père dissipe, dans la paresse
et la débauche, les ressources de la maison.

Vous serez à l'abri de tels malheurs, Henriette,
mais vous rencontrerez souvent dans le monde des
hommes — peut-être votre Julien sera-t-il de ceux-
là — tout disposés à faire bon marché de leurs
devoirs et des droits de la femme. On pourrait
leur citer l'exemple d'un grand chrétien et d'un
preux chevalier qui entendait autrement la foi
donnée et l'honneur. Saint Louis, roi de France,
avait fait graver sur son anneau nuptial l'image du
Christ, autour de laquelle s'enroulaient des lis et des
marguerites. Parmi les fleurs, on lisait cette devise :
« dehors cet anel pourrions-nous avoir amour ? »
Fine allusion à sa piété, à son patriotisme, à sa
fidélité conjugale. Toute sa vie il aima uniquement
Dieu, la France et Marguerite : c'est pourquoi,
l'Église l'a placé au rang des saints, l'histoire au
nombre des héros, et les témoins de sa vie parmi
les meilleurs époux et les plus tendres pères.

Gardez-vous bien de proclamer vos droits, chère
Henriette ; mais vous devez les savoir, et *l'on doit
sentir* autour de vous que vous les connaissez.

DROITS DE LA FEMME

LETTRE XVIII

Madame de C. au révérend père de S.

LA VERTU, MÉTIER DE DUPE. — LE VÉRITABLE
MILIEU DE L'AME HUMAINE. — L'AME EST DÉ-
PAYSÉE. — FRIVOLITÉ DES HOMMES. — MORA-
LISTES EN THÉORIE. — LA FEMME SÉRIEUSE
DANS LE MONDE. — LA FEMME EST UNE CHOSE.

Votre lettre m'a rendue triste, mon père. Vous
m'en blâmerez, vous qui me voulez toujours gaie.
Mais en vérité, vos considérations élevées, votre
haute raison me transportent dans un monde si
différent du milieu étroit et vulgaire où l'on s'agite !
Le contraste vous meurtrit comme un choc.

Oui, l'âme humaine éclairée par la foi, régénérée

par un ardent amour du bien, serait vraiment belle ; oui, si chacun de nous prenait la peine d'être sérieux et bon, la vertu ne coûterait plus ni sacrifice ni effort ; elle donnerait naturellement le bonheur, comme l'air entretient la vie : elle serait notre atmosphère normale.

Mais dans l'état des choses, cette pauvre vertu, si nécessaire quand on est chrétien, ressemble parfois à un métier de dupes. Ceux qui n'ont pas la foi l'abandonnent, et je n'en suis pas étonnée ; on se dégoûterait à moins des difficultés d'un beau rôle parfaitement ingrat.

Ne faites pas les gros yeux, cher oncle, c'est vous qui m'avez inspiré ces réflexions en me parlant des *droits* de la femme proclamés dans l'Évangile. Ah ! s'ils étaient compris et respectés, comme nous serions heureuses ! Mais que le monde est loin d'en faire sa loi !

Ne parlons pas de la fidélité, j'aurais peur..... Comme le malheureux suspendu sur l'abîme, et qui regarde au fond, je sentirais le vertige. Rien encore pourtant ne justifie ces vagues terreurs : elles n'en sont que plus folles.

J'en détourne ma pensée pour réfléchir au respect commandé par le rôle de la femme dans la famille et la société chrétienne. Cette doctrine est adorable ; mais qui l'admet aujourd'hui ? Vous me répondrez : les chrétiens. — Ah ! les chrétiens comme vous, mon père, c'est-à-dire les saints, le petit nombre des élus; quant aux autres...

Laissez-moi libre de vous dire tout ce que j'ai sur le cœur...

Je le répète, le christianisme est adorable dans sa manière de traiter et d'envisager la femme. Jeune fille, le christianisme nous dit : c'est la tendresse et l'innocence : — épouse — c'est la chasteté et c'est l'amour. — Mère : c'est le dévouement. L'histoire de l'Église nous montre le martyr Léonide baisant avec respect comme le temple de la grâce, la poitrine de son jeune fils Origène endormi. Délicieux tableau ! empreint d'un sentiment exquis ! Les Livres saints nous donnent le portrait de la femme forte, suave peinture, à travers laquelle rayonnent toutes les joies sereines de la vie de famille.

Enfin, mon cœur se gonfle d'admiration et d'amour, quand je vois la divine maternité de Marie puiser dans l'absolu du dévouement la force de rester debout sur le Calvaire.

Comme tout cela est doux, profond, simple et sublime, et combien le christianisme est le véritable milieu de l'âme humaine ! Mais cette âme on l'a dépaysée.

Qu'une brave chrétienne pénétrée de ces grands

principes veuille aujourd'hui marcher sérieusement dans la voie qu'ils indiquent, vous verrez le
beau chemin qu'elle fera...

Sa tentative lui rapportera d'abord le ridicule;
si elle l'évite, ou que la raillerie se lasse, la pauvre
créature n'en restera pas moins marquée d'un ca-
chet d'originalité, c'est-à-dire isolée, mal appréciée, sans jamais recevoir le moindre prix de sa
vertu, en attendant que les arrérages lui soient
comptés au ciel.

Vous voilà furieux contre l'inconvenance de mon
langage. Vous le serez moins, si je vous dis:
— Cher père, je vous écris à cinq heures du matin;
je suis en costume de bal, encore frisée et gantée.
Hier, dans l'après-midi, je me promenai, deux
heures en voiture, au bois de Boulogne; la nuit
venue, j'ai assisté à un *raout* chez la princesse de
M. J'avais vos graves idées dans la tête. Jugez de
l'effet qu'elles produisaient au milieu de ce monde
sémillant, léger, paré, fardé, en tout menteur, sauf
dans sa vanité et ses prétentions.

Voilà pourquoi je suis d'une humeur massacrante.

Ah! mon père, comment sauver l'idéal, l'idéal
chrétien, au milieu de ces fêtes mondaines? Où retrouver là ce solennel respect de la femme qui,
dites-vous, est un devoir essentiel pour l'homme?
Frivolité, séduction, voilà ce qu'on aperçoit; et

sous l'apparance gracieuse, la mésestime réciproque.

Peuvent-elles se croire aimées et respectées, ces femmes qui doivent tout leur empire à des bijoux et à des chiffons ! Elles-mêmes méprisent bien au fond de l'âme ces hommes qui les admireraient si peu, privées de leurs atours.

Vous allez me fermer la bouche avec le cliché connu : — C'est le luxe des femmes qui...

— Pardon, mon père, c'est aussi la frivolité des hommes qui excite la vanité des femmes.

Les personnes sérieuses comme vous se figurent qu'une femme simple et de bonne volonté peut tout réformer autour d'elle. Malheureusement, je vous le répète, elle ne réforme rien ; elle est simplement la victime de son courage.

Oh ! certes ! je le sais, la plupart des hommes sont d'excellents moralistes en théorie. Ils prêchent tous aussi bien que vous contre les femmes mondaines, le luxe effréné, ruineux ; mais avant d'arriver au bout de leur diatribe, si une femme élégante paraît, ils s'empressent de lui prodiguer leur encens ; tout en eux exprime une admiration sincère ; et s'il est à ce moment près d'eux d'autres femmes sérieuses et modestes, elles ont le doux triomphe de se voir totalement oubliées.

Ne serait-ce pas le cas de crier en plein salon :

— « Eh quoi ! messieurs, vous blâmez la coquetterie des femmes, et vous l'adorez ! Vous préconisez
la modestie, et de celles qui prennent cette louange
au sérieux, vous faites des victimes ! »

Singulière façon de témoigner à la femme le respect chrétien ! Non, ce respect n'existe pas.
L'homme se matérialise, et la femme se résigne à
n'être pour lui qu'une chose plus ou moins belle,
mais une *chose*, hélas !

Mon père, je vous écris ces tristesses en pleurant. C'est que je viens de les rencontrer et qu'elles
m'ont déchiré l'âme !

VERTUS INDISPENSABLES A L'APOSTOLAT DE LA JEUNE FEMME

PIÉTÉ — SES CARACTÈRES.

LETTRE XIX

Le Révérend Père de S. à Madame de C.

LE RÈGNE AU FOYER. — UN ATTRAIT VAINQUEUR. — LES FEMMES QUI SE CANONISENT. — UNE DÉSESPÉRÉE. — COMPTEZ VOS VICTOIRES. — UNE PAGE DE PAUL FÉVAL. — « NUL NE FERA LE BIEN QUE NOUS ET NOS AMIS. » — DÉVOTION AU DIRECTEUR. — DÉVOTION AU CURÉ DE LA PAROISSE.

Vous souffrez, ma chère enfant ; je ne vous reprocherai donc pas l'amertume épanchée dans votre dernière lettre. Je ne suis guère étonné qu'un esprit sérieux se révolte au spectacle de la frivolité mondaine. J'en conviens avec vous, d'ailleurs, l'hommage du sexe fort s'égare trop souvent sur d'indignes idoles ; c'est là une tentation terrible pour la femme désireuse de s'attacher au devoir, mais trop faible, pour sacrifier à ce noble élan, le besoin d'être admirée, le bonheur de plaire. Sur ce point vos plaintes sont fondées. Heureusement la vie extérieure, celle qui s'étale sur les promenades publiques, dans les réunions, les fêtes, celle-là ne peut remplir qu'une faible portion de l'existence. Reste la vie *chez soi*, où la femme chrétienne prend sa revanche. *Aviez-vous oublié la douceur de régner au foyer ?*

Votre cœur se soulève et 'proteste contre le triomphe des colifichets. J'applaudis à ce beau feu. Mais je ne comprends pas vos larmes. Ces femmes sans cervelle, dont le succès vous irrite, auraient-elles accaparé le charme et la grâce ? Vous serait-il défendu, à vous, femmes chrétiennes, d'être aimables, noblement séduisantes, belles comme la vertu ?

Je ne le crois pas, vous êtes donc armées pour la lutte, et vous pouvez faire triompher le bien.

Voici, d'ailleurs, un genre d'attrait qui ne vous sera jamais disputé par vos rivales : celui de la piété : J'entends la piété *vraie*.

Au fond, les hommes ne sont nullement ennemis de la piété des femmes. Ils ont seulement le tort d'attribuer à cette vertu les défauts de celles qui la pratiquent.

Un homme, dont le témoignage ne saurait être suspect, me disait un jour — « Qu'on nous donne des anges pour femmes, nous serons tous des saints. »

Faites-en l'expérience.

Vous avez senti le sérieux de la piété, ma chère enfant ; vous ne ressemblerez jamais aux femmes qui se livrent à des pratiques extérieures bien ostensibles dans le but de se canoniser elles-mêmes ; c'est leur propre satisfaction qu'elles cherchent ; il leur plaît d'être vénérées dans ce monde, ensuite bienheureuses au ciel. Ne leur demandez ni abnégation, ni lutte courageuse pour vaincre leurs travers, pour assouplir leur volonté sous la régle austère de l'Evangile qui nous prescrit d'être comme des victimes dévouées au bonheur de nos frères. Elles n'entendent rien à ces fortes maximes, et gardent tous leurs défauts sous un léger masque de sentimentalisme chrétien. Flattez-les, vous verrez leur vanité ; la moindre contradiction les irrite ; elles obéissent... à leurs propres goûts ; un reproche les blesse, une simple observation leur pèse ; elles affectent d'avoir mauvaise opinion d'elles-mêmes afin de s'entendre dire qu'elles se calomnient. Assidues, d'ailleurs, aux pratiques de piété bien apparentes, aux aumônes vantées dans les feuilles publiques, pourvu que les unes n'exigent point trop de sacrifices personnels, et que les autres ne crucifient pas trop la nature.

Ainsi elles arrivent au terme de leur carrière, les mains vides, ou pleines d'actions stériles.

Voici un fait dont on m'a garanti l'authenticité :

Une des nobles habitantes du faubourg Saint-Germain, la comtesse de *** était remarquée pour son zèle et son dévouement aux œuvres charitables. Un jour, on apprend avec stupeur qu'un mal inconnu est sur le point d'arracher cette noble femme à l'amour des siens et à la reconnaissance des pauvres. Présage douloureux, disait-on, d'une fin prochaine, la comtesse venait de tomber dans un mutisme absolu. Mère, enfants, mari, la sollicitent tour à tour de ne pas prolonger davantage leurs angoisses, de faire effort pour leur parler. Inutile. Le prêtre appelé ne peut obtenir une parole. Cependant, l'homme de la science, ami de la famille, affirme qu'elle pourrait parler si elle le voulait. Il pense qu'il y a là un mystère.

Les parents désolés se rappellent alors une amie qui possédait toute la confiance de la malade. Cette amie d'enfance est devenue fille de St-Vincent de Paul. On se hâte de la mander, espérant qu'elle aura le secret de ce silence qui étonne et bouleverse tout le monde. Vain espoir ! Même mutisme, pas

le moindre signe d'intelligence et d'amitié. La sœur
demande à rester seule avec son amie :

— « Vous m'entendez, je le sais, lui dit-elle. Je sais
aussi que vous pouvez me parler. Pourquoi nous affliger tous ? Au nom de notre amitié si confiante, au
nom de Dieu même et de votre éternité, parlez : Qu'a-
vez-vous donc ? —

Aussitôt la malade étendant vers la religieuse
ses bras décharnés, ses mains démesurément ou-
vertes.

— Ce que j'ai ? dit-elle — *J'ai les mains vides !...*
Il ne me reste que le désespoir. Je suis damnée !

— Damnée ! pauvre amie, reprend la sœur.
Pourquoi ?

— Pourquoi ? Parce que j'ai voulu m'occuper des
pauvres, soigner les malades, donner mon nom à
toutes les associations de bienfaisance...

— Eh bien, reprend la religieuse, chacune de ces
bonnes actions vous sera comptée. Vous partez les
mains pleines, vous êtes sauvée !

— Damnée ! Damnée ! s'écrie la malade, car le
mobile de toutes mes œuvres, c'était l'orgueil et
l'envie de paraître. Oh ! oui, je suis damnée ! Mon
âme est vide comme mes mains, et c'est avec cette
âme et ces mains vides que je vais paraître devant
Dieu !

Il y avait une conviction si désespérée dans

l'accent de la comtesse, que la bonne Sœur demeura un instant sans parole. Soudain, poussée par une inspiration d'en-haut, elle prend son chapelet, en saisit le crucifix, et le plaçant dans les mains de son amie :

— Vous n'avez rien, dit-elle, vos mains sont vides ! Vous vous trompez, les voilà pleines de Jésus-Christ, et avec Jésus-Christ toutes ses grâces, tous ses mérites vous appartiennent. Demandez pardon, ayez confiance. Vos œuvres mortes vont participer à la vie divine et sauver votre âme.

Ces paroles chassèrent le désespoir, qui allait entraîner, loin de Dieu pour l'éternité, cette victime de l'orgueil.

Combien de femmes, chère Henriette, pourraient se dire comme la comtesse de *** au lit de mort:

— « Je n'ai rien fait pour Dieu. Ma piété, ma charité n'étaient qu'un moyen d'attirer les regards et les louanges ! »

Mon enfant, la réelle piété est faite de renoncement et d'amour.

L'amour de Dieu, s'il est sincère, cherche Dieu seul. Que pourrait-il désirer en dehors de la Perfection infinie et du Souverain Bien ? Le bonheur de se rapprocher de Dieu est pour le vrai chrétien l'unique récompense ambitionnée sur la terre.

« Soyez parfaits comme votre Père céleste est parfait. » L'âme éprise du véritable amour ne connaît pas d'autre mobile que cette divine parole. « Vouloir être bon parce que Dieu est bon, juste, parce qu'il est juste, patient parce qu'il est immuable, indulgent parce qu'il est miséricordieux ; savoir souffrir comme Jésus-Christ a souffert, avec la même douceur, le même silence, le même pardon ; aimer, se dévouer comme il l'a fait, sans relâche, sans murmure, sans exception, sans jamais s'épargner soi-même, et sans autre but que le bonheur d'autrui et la gloire de Dieu. » — Voilà le secret de la saine vertu.

Un tel amour se nourrit de sacrifices, et chacun de ces sacrifices est la monnaie qui achète des âmes à Dieu.

Cette piété là, mon enfant, vous la comprenez. Vous savez aussi qu'elle est malheureusement trop rare. Elle seule pourtant infuserait encore l'esprit chrétien dans les veines de nos générations sceptiques.

Cherchez cette piété des siècles de foi et des temps héroïques, chère filleule ; ne comptez pas vos progrès spirituels d'après le nombre de vos confessions et de vos communions, mais d'après celui des victoires remportées sur vous-même.

La fausse piété est en général l'apanage des

intelligences médiocres; et comme l'étroitesse des
idées engendre l'orgueil, on voit d'étranges choses
dans certains milieux où la religion est extérieurement pratiquée. On rencontre de braves [gens
pleins d'estime pour eux-mêmes et animés d'un
impitoyable esprit de critique à l'égard d'autrui. Ce
besoin de *fureter* pour ainsi dire dans le cœur et
dans la vie du prochain, cette fureur de suspecter,
de juger et de condamner ne respecte pas le prêtre
lui-même, soit dans son existence privée, soit dans
les détails de son ministère. Un vaillant écrivain
catholique, Mr Paul Féval, a signalé ce travers
dans son livre éloquent : *Les étapes d'une conversion*. Peut-être avez-vous remarqué dans le
troisième récit de Jean, cette page si vraie :

« Julienne, dit le narrateur, professait pour le
» clergé une vénération enthousiaste qui n'ex-
» cluait ni la méfiance ni même la malveillance, et
» papa divertissait Mr Jamond en lui rapportant
» avec le talent exquis d'imitation qu'il avait, les
» propos tenus par Julienne en revenant du mar-
» ché. Elle savait par le menu tout ce qui entrait
» au presbytère, et chaque fois que la servante
» d'un vicaire marchandait un poulet maigre, Ju-
» lienne établissait un calcul qui prouvait clair
» comme le jour qu'en ce monde tous les fins

» morceaux sont dévorés par « les bons messieurs
» prêtres. »

» Encore Julienne n'était qu'une pauvre créature
» ignorante ; mais j'ai connu de ces colombes
» féroces confites dans ce qui reste de vinaigre au
» fond du bocal Janséniste, qui infestent les parois-
» ses, et qui en remontrent à leur curé sur la mo-
» rale, les convenances, le bon ton, la théologie,
» la liturgie... Hein ! Encore !

» Pour moi, les prêtres de nos paroisses sont les
» derniers soutiens de l'ordre social. Je les aime
» tant qu'il ne me suffit pas de combattre le loup
» qui les attend au coin du bois, je voudrais encore
» chasser les mouches qui les piquent. Le jansénis-
» me n'est pas si bien mort qu'on le croit ; il vit,
» non point dogmatiquement, mais de fait dans
» certains coins médisants dont l'odeur éloigne les
» indifférents, répugne aux croyants, et enchante
» les incrédules. Il est affligeant de voir que la mau-
» vaise foi de nos ennemis puisse imputer à la
» mâle vertu de l'Eglise, à son esprit élevé, à son
» large cœur, ces émanations sorties du cadavre
» même de la bête écrasée par l'Eglise. La pruderie
» est à la candeur ce que l'hypocrisie est à la vertu ;
» et il faut apprendre, même aux enfants, que tout
» auprès de la claire fontaine qui est la sainte Eglise

» apostolique et romaine, un zèle que rien n'autorise
» creuse parfois de petits viviers dont l'eau sta-
» gnante n'est pas toujours bonne. Il n'y a pas de
» petite Eglise ; il n'y a que l'Eglise. «

» En religion, il n'y a qu'une loi qui est la loi
» enseignée par le catéchisme ; il n'y a qu'une au-
» torité qui est l'autorité représentée par le curé
» soumis à son évêque, soumis à la Sainteté de notre
» Père le pape, soumis à Jésus-Christ Notre-
» Seigneur-Dieu. »

Paul Féval met en scène avec esprit une vieille
gouvernante. Mais, il a bien raison de le dire, ce
ne sont pas seulement les cordons bleus qui entendent la charité d'une étrange manière. Dans une
sphère supérieure à celle du pot-au-feu, bien des
femmes en odeur de sainteté se trouveraient jansé-
nistes à la façon de Julienne, si elles faisaient sincèrement leur examen de conscience ; beaucoup
d'entre elles pourraient également se reprocher
d'accueillir, les yeux fermés, la calomnie ou la
médisance, et de les propager discrètement!

Si elles ont lu l'Évangile, ces âmes dévoyées
n'en ont jamais ressenti une juste impression. A
qui donc le Sauveur prodigue-t-il l'indulgence et la
miséricorde? Justement à ceux-là que l'opinion
sévère poursuit sur des faits ou des apparences, à
ceux que le zèle des pieux pharisiens s'empresse

de flétrir. Au contraire, la douceur infinie de Jésus se transforme en justice inflexible vis-à-vis de ceux qui avaient tous les dehors de la vertu. L'Homme-Dieu semble fouler aux pieds ces cœurs desséchés par l'égoïsme ; son indignation éclate en épithètes et en menaces bien capables d'effrayer les aveugles qui, voulant aimer Dieu, oublient leurs frères.

La vraie piété aime le prochain comme l'ont aimé saint Vincent de Paul, saint François de Sales, sainte Elisabeth de Hongrie, sainte Catherine de Sienne, sainte Thérèse. Humble, elle ne juge personne, trouve suffisante la charge de gouverner ses subordonnées et ne songe nullement à régenter ses supérieurs ni ses égaux.

« Nul n'aura de l'esprit que nous et nos amis » — dit un proverbe moqueur. Beaucoup de femmes pieuses et mal éclairées semblent dire : « Nul ne fera le bien que nous et nos amis. » — Tant elles se montrent jalouses, taquines, portées au dénigrement. Elles voudraient le monopole de toutes les bonnes œuvres ; s'il en passe par les mains d'autrui, en dehors de leur direction, elles se croient effacées ; leur vanité proteste ; leur amour-propre invente mille prétextes de condamner un bien dont elles ne peuvent recueillir l'honneur.

Vous rencontrerez cette piété orgueilleuse et tyrannique sous des apparences de douceur et d'humilité, J'ai dû vous la signaler ; elle vous donnera ainsi moins de scandale.

Je veux aussi vous parler rapidement, — pour mémoire — de cette piété variable et bizarre que j'appelle : *la dévotion au directeur*.

Comprenez bien ma pensée, mon enfant. Je ne veux pas dire que le choix du directeur, et l'impulsion donnée par celui-ci ne soient très-importants, et ne comptent pour beaucoup dans le progrès spirituel d'une âme de bonne volonté. Justement les âmes dont je parle manquent de cette bonne volonté qui va à Dieu comme la flèche à son but.

Dans le choix du directeur, elles ne se préoccupent nullement de l'intelligence, des lumières ni des vertus qui devraient déterminer ce choix ; elles obéissent tout simplement à un attrait irréfléchi, quelque sympathie bien permise, sans doute, mais rarement surnaturelle; souvent c'est leur vanité qui les guide, attirée par la renommée ou le succès. Quant à la direction elle-même, elles n'y songent pas. Puisque le directeur leur plaît, elles seront des saintes ; les voilà dans les plus hauts sentiers de la perfection, rien ne peut assouvir leur avidité de pratiques extérieures. Mais que le directeur s'éloigne, ou les contrarie, ce beau feu s'éteint. Il ne reste plus que langueur et dégoût ; parfois indocilité et révolte.

A côté de la *dévotion au directeur*, de cette

fausse dévotion, donnant pour base à la piété ce qui en est seulement le secours, ne faudrait-il pas placer la dévotion au curé de la paroisse?

Ceci à l'air d'une plaisanterie? On croit rêver lorsqu'on entend dire : — Il y a des chrétiens assez sots ou assez ignorants pour ne faire aucune distinction entre leurs devoirs religieux et leurs rapports avec leur curé. Ils les confondent si bien, ces devoirs et ces rapports, qu'en se brouillant avec le pasteur, si d'aventure celui-ci vient à leur déplaire, ces braves gens ne manquent jamais de rompre avec Dieu, et d'abandonner toute pratique religieuse.

Il vous est dur de croire à pareille folie, mon enfant? Rien n'est cependant plus réel. Vous en verrez trop d'exemples. Même dans les milieux où l'on fait profession de piété, vous trouverez bon nombre de pauvres âmes dont la ferveur se mesure au degré de sympathie que leur inspire le chef de la paroisse.

La vraie piété, Henriette, ne connaît ni ces intermittences de relâchement et de zèle, ni ces grands progrès extérieurement accomplis du jour au lendemain; c'est l'amour de Dieu qu'elle cherche, non la sympathie humaine ; et si pour une cause ou pour une autre, le guide lui fait défaut, l'âme vraiment pieuse ne se trouve ni ébranlée ni dévoyée, car Jésus-Christ ne lui manque pas.

PIÉTÉ, SES CARACTÈRES

LETTRE XX

Le Révérend Père de S. à Madame de C.

LA DÉVOTION DES SOTS. — UN VOISIN TROP AUS-TÈRE. — DÉVOTION ACARIATRE. —PIÉTÉ AIMABLE AIMABLE. — LA DOUCEUR. — COMMENT LA DÉFI-NIT BOSSUET. — L'IMPATIENCE EST UNE FAIBLESSE, UNE JUSTICE, UN RIDICULE. — LE SECRET DE S'EN-TENDRE AVEC TOUT LE MONDE. — LA PLUS SANC-TIFIANTE DE VERTUS. — DIEU AIME LA DOUCEUR. POURQUOI ?

Pourquoi, ma chère Henriette, vous ai-je parlé du culte de soi-même dans la piété, et de ces dé-votions bizarres qui prêtent si fort au sarcasme des incrédules ? Oui, pourquoi ? Je ne redoute pour vous aucun de ces défauts ; mais vous ne devez point vivre uniquement pour vous-même ; vous aurez des enfants à élever, des inférieurs à diriger.

Julien est grand agriculteur ; peut-être dans quelques années viendra-t-il se fixer sur ces terres. Là, beaucoup d'ignorants réclameront de vous l'exemple et le conseil. Je vous indique à l'avance les abus à détruire ou à prévenir, comme un bon guide signale au départ les endroits difficiles ou périlleux de la route· Vous rencontrerez à l'état de réalité brutale ce qui vous paraît peut-être sous ma plume l'exagération d'une critique fantaisiste. Vous aurez encore des surprises, je vous en avertis ; l'ignorance et la sottise vous apparaîtront où vous ne les attendez pas. Je ne veux vous citer qu'un seul trait.

J'étais en mission dans un gros bourg. La population est dominée là par une famille de bourgeois très-autoritaire, mais passant pour très-chrétiennes. Il me sembla d'abord que la charité de ces braves gens, quant à leur manière de juger le prochain, laissait fort à désirer. Je cherchais le secret de cette anomalie, lorsqu'il me fut révélé à l'improviste. La maîtresse de la maison, femme âgée et respectable, après m'avoir donné force renseignements que je ne souhaitais pas, commença le portrait d'un saint homme, son voisin, dont je connaissais déjà l'éminente vertu et le dévouement aux œuvres pies. Ce rude chrétien, refusant pour lui-même les concessions de l'Église indulgente, continuait l'abstinence avec le jeûne tout le long du carême. La vieille dame, sa voisine, me parlait de cette inflexible austérité avec une indignation contenue qui ne laissait pas de me paraître singulière. Comme je gardais le silence, la bonne femme me jugeant de son avis sur la foi du proverbe : — « *Qui ne dit mot consent* ». — éclata tout à coup :

— N'est-ce pas ridicule, cela, mon père ? s'écria-t-elle. N'est-ce pas tout à fait *contre l'esprit de l'Eglise ?*

— Non, madame, lui-dis-je, sans grand espoir de la convaincre. L'abstinence est au conraire *tout à fait dans l'esprit de l'Église.*

Voilà, chère enfant, comment juge et condamne la piété ignorante et bornée.

A côté de la fausse dévotion des orgueilleux et des sots, plaçons sa digne sœur, — la dévotion acariâtre.

Oh ! quelle est détestable, celle-là !

Ecoutez, mon enfant : La piété, c'est proprement *l'amour* ; l'amour de Dieu et l'amour du prochain, c'est-à-dire la *charité.*

La charité seule fait des apôtres ; elle seule aussi peut faire des saints. Ne l'oubliez jamais, saint Paul nous l'a dit si expressément ! — « Parlerais-je le langage des anges, aurais-je une foi capable de transporter les montagnes, si je n'ai pas la charité je n'ai rien, je ne suis qu'un airain sonnant.

En parlant ainsi, saint Paul expliquait la parole expresse du Sauveur : — « Aimer Dieu et le prochain, c'est accomplir toute la loi ; c'est être saint.»

Dites-moi, mon enfant, à quel signe reconnaîtrez-vous la charité ? N'est-ce pas à l'amabilité, qui en est en quelque sorte l'épanouissement, la fleur ?

Que votre piété soit donc aimable, si non elle ne sera pas la piété, car elle ne sera pas l'amour.

L'amabilité, ou bien la douceur, est la première vertu que nous devons apprendre à l'école de Jésus-Christ. L'Homme-Dieu nous a-t-il dit : — « Apprenez de moi à faire des miracles ? » — Non : « Apprenez de moi que je suis doux. »

La douceur nous donne avec Dieu des traits de ressemblance qui nous font ses véritables enfants.

Jésus l'a dit encore : — « Bienheureux les doux, les pacifiques, parce qu'ils seront appelés enfants de Dieu. »

Un père de l'Église appelle la douceur le tombeau de tous les vices, et le berceau de toutes les vertus.

Selon Bossuet, la douceur se compose de patience, de compassion, de condescendance.

Vous serez patiente, Henriette. Nous avons tant de motifs d'être patients !

La patience est un signe de force morale ; par conséquent, elle dépend de la volonté plus qu'on ne veut le croire.

Que sont en effet, l'impatience, la rudessse, la brusquerie? Simplement le triomphe des nerfs sur la volonté...

Singulière faiblesse! abdication misérable: Le moi intellectuel cède l'empire au bouillonnement du sang, au tressaillement des fibres! Et qu'en résulte-t-il? Souffrance pour autrui, souffrance pour soi-même.

Rien n'est plus faible que l'homme impatient. Il est à la merci d'un mot, d'un geste, d'un incident quelconque. Le premier venu peut, en excitant sa colère, lui arracher son secret, le pousser à des résolutions folles, à des actes coupables; en un mot, le gouverner et l'avilir.

Soyez donc patiente pour rester forte et maîtresse de vous-même, Henriette. Il faut aussi être patient pour demeurer juste et raisonnable.

L'impatience est presque toujours une injustice absurde.

Si la contrariété nous vient d'un objet inerte ou d'un être inconscient, s'emporter contre cet être ou cet objet, c'est, vous en conviendrez, le superlatif de la sottise.

Si nous sommes contrariés par des circonstances tenant au cours providentiel des choses, l'impatience n'est pas moins absurde. Ces événements, Dieu les envoie; il faut donc courber la tête avec soumission, ou bien commettre la plus insigne des folies : la révolte contre Dieu-même.

Sommes-nous irrités, blessés par quelqu'un ? La faute qui nous offense est volontaire ou involontaire. Involontaire, elle mérite notre pardon immédiat ; il y a cruauté à la punir par des paroles amères. Volontaire, cette faute tient à quelque travers d'esprit ou de cœur chez celui qui l'a commise. L'impatience est dans ce cas une maladresse, car elle procure un moment de triomphe à ceux qui voulaient nous peiner. D'ailleurs, l'emportement ne cesse pas, même alors, d'être injuste ; car nous aussi, nous avons des travers, et nous entendons qu'on les supporte sans colère. Il faut donc accorder aux défauts du prochain la même indulgence.

— Mais, me direz-vous, nul autour de moi ne souffre patiemment mes fautes.

— C'est possible ; et cependant votre impatience contre le prochain, volontairement coupable, n'en reste pas moins injuste. Il est, en effet, quelqu'un qui supporte avec mansuétude vos erreurs et vos défauts ; ce quelqu'un, c'est Dieu ; c'est Dieu à qui vous dites chaque jour : — « Pardonnez-moi comme je pardonne. » Vous réclamez sa miséricorde, sachez remplir la condition que lui-même vous a dictée. Imitez d'ailleurs sa patience infinie à l'égard de vos frères. Pourquoi ne pourriez-vous souffrir en eux ce que Dieu supporte ?

L'impatience a de plus l'inconvénient de n'être utile à rien ; au contraire, elle embrouille les situations et aggrave les difficultés. Ceux que nous reprenons avec rudesse seront plus insoumis ou plus maladroits ; s'ils nous aiment peu, ils nous aimeront moins ; s'ils manquaient de zèle, ils auront désormais de la mauvaise volonté ; si leur langage ou leurs procédés sont offensants, notre emportement provoque de nouvelles insultes.

D'ailleurs, on ne saurait se mettre en colère plus ou moins sans être plus ou moins ridicule. Ainsi, le soin de notre propre dignité nous défend ces intempérances de langage, ces violences du geste qui indiquent bien comme on l'a dit, l'absence de la raison, et qui décomposent souvent les traits d'une façon hideuse.

C'est entendu, Henriette, vous serez patiente. Vous aurez aussi compassion des souffrances et des misères autour de vous ; votre compassion sera vraie, fé conde en bonnes paroles, mais surtout en douces prévenances. Dans la famille, elle s'attachera à guérir les froissements, les susceptibilités ; elle émoussera ces mille petites épines, tourment caché de la vie intime.

Enfin, notre douceur sera condescendante :

N'avoir pas de volonté ; voilà le meilleur secret pour s'entendre avec tout le monde. Cédez, cédez en tout ce qui ne blesse que vos goûts personnels ; et cédez le sourire aux lèvres, n'ayez pas l'air de vous sacrifier ; témoignez au contraire de l'empressement et du plaisir à exécuter comme s'ils étaient les vôtres, les ordres ou les projets d'autrui.

Si vous prenez courageusement ce parti, chère filleule, vous reconnaîtrez bientôt la douceur pour la plus sanctifiante des vertus. Nulle autre, en effet, n'est d'un usage aussi étendu ; l'occasion de la pratiquer se présente à chaque instant. Elle exige une vigilance et une mortification continuelles, afin d'apercevoir et de réprimer à temps tout mouvement contraire.

En purifiant le cœur, en le maîtrisant, la douceur devient une source abondante de grâces ; l'âme doucement, pieusement aimable, est toujours dans une excellente disposition pour bien prier. Ne prend-elle pas, jusque dans le commandement, le ton de la prière ? C'est pourquoi sa prière va droit au cœur de Dieu, et lui commande la miséricorde et la bonté.

Heureuse vertu de douceur ! Dieu l'a pour infiniment agréable. Il nous la prêche en toutes les pages des Livres sacrés. Lorsqu'il daigne se servir des hommes pour l'exécution de ses desseins sur le monde, son choix se fixe sur les caractères les plus doux. Moïse est appelé à délivrer le peuple de Dieu, parce qu'il est le plus doux des hommes : *Mitissimus hominum* ! Si David a le sceptre en Israël, c'est qu'il se peut féliciter d'être très-doux : — « Seigneur souvenez-vous de David, et de toute sa douceur. »

Voulez-vous la raison de cette prédilection divine ? La voici :

Dieu ne peut pas ne pas s'aimer lui-même et s'aimer dans les créatures qui lui ressemblent. Saint Paul disait aux Éphésiens : — « Soyez les imitateurs de Dieu. Efforcez-vous de lui ressembler comme des fils bien-aimés. » —

Eh ! bien, la vertu de douceur a des traits de ressemblance remarquables avec Dieu.

Quand je m'élève par la pensée à ce Dieu souverain dominateur de l'univers, ce qui m'apparaît avec plus d'éclat, c'est son immutabilité. Autour de son trône tout s'agite, tout change tout passe ; Seul, il demeure immuable. Que les hommes se multiplient ou meurent, que les peuples s'élèvent ou disparaissent, que les empires fleurissent ou périssent, qu'importe à son immutabilité ? Quand les astres éteints ne laisseraient plus que des ténèbres dans la création, quand tous ces mondes brisés ne formeraient plus dans l'immensité de l'espace qu'un peu de poussière, Dieu serait toujours le même dans son essence, immuable dans sa grandeur, portant un nom incommunicable, habitant une région inaccessible au succès comme au revers. Il est immuable ! Immuable de sa nature il se conduit à l'égard des hommes avec cette immutabilité, c'est-à-dire avec la bonté miséricordieuse, avec la miséricorde pleine de douceur qui le caractérise.

Dieu est infini en tout ; mais la douceur semble dominer ses autres attributs. L'Ecriture exalte principalement la divine mansuétude. Jésus-Christ se fait appeler par saint Jean l'*Agneau de Dieu*. Quoi de plus doux que cette image ?

Et quelle douceur dans la personne de Jésus ! Saint Paul réclamait plus tard l'obéissance des Corinthiens, au nom de la douceur du Divin Maître ! Il fallait que le charme en fût demeuré bien puissant dans le souvenir des premiers disciples ! Aussi pour caractériser cette mansuétude si particulièrement touchante dans la parabole de l'Enfant Prodigue et celle de la Brebis Égarée, l'Esprit-Saint voulut se montrer au baptême de Jésus-Christ sous la forme d'une colombe.

La colombe est sans fiel, elle ne frappe jamais qu'avec l'aile !

Concluons, chère enfant : Pour le philosophe chrétien, la douceur est l'immutabilité de Dieu communiquée à l'âme. Dans la pratique journalière, cette vertu est la manifestation de la charité dans les jugements, dans le langage, dans les actions.

Dieu a promis à la douceur « qu'elle posséderait la terre. » C'est nous indiquer son empire sur les cœurs. Nous avons déjà effleuré ce sujet. Vous me permettrez d'y revenir.

AVANTAGES DE LA DOUCEUR

LETTRE XXI

Le Révérend Père de S. à Madame de C.

CE QUI A FAIT LES HÉROS. — ETRE AIMÉ POUR SOI-MEME. — UNE FABLE DE LAFONTAINE. — CONDUITE DE DIEU A L'ÉGARD DU MONDE. — LE DIEU DU SINAI. — LE DIEU DU CALVAIRE. BIENVEILLANCE. — COMMENT ON L'AIME. — PRÉVENANCE. — AFFABILITÉ. — LA BESACE. — JALOUSIE. — SUSCEPTIBILITÉ. —

La douceur, ma chère fille, est ici-bas la vertu souveraine.

« Puissance inaperçue et toujours obéie. »

Pourquoi ? Parce que nous sommes naturellement amis des puissances surnaturelles ; toutes les fois que nous nous trouvons en présence d'actes qui dépassent le pouvoir humain, nous regardons avec étonnement, nous admirons, nous aimons.

Vous avez là le secret de la gloire des héros ; c'est encore le même sentiment d'admiration qui a créé les dieux du paganisme. Or, au point de vue de la raison comme à celui de la foi, est-il une vertu plus admirable que celle de s'élever au-dessus de soi-même, de se contenir, de se modérer, de posséder son âme par la douceur ? L'Esprit-Saint préfère cette victoire à celles qui se gagnent sur les champs de bataille.

L'estime conduit à l'affection : Si votre piété est douce, elle sera aimable et fortement aimée ; alors vous serez aimée pour vous-même, non pour le mensonge d'une beauté qui s'en va, ou la richesse d'un vêtement qui vous quitte.

Vous m'avez parlé des succès alarmants de la coquetterie ; je vous ai répondu : — Avec la douceur vous ne les redouterez jamais : la douceur ne connaît pas de rivale ; là où tout échoue, elle triomphe.

Rappelez-vous mon enfant, la fable si connue de Lafontaine : — En vain le vent du nord souffle avec furie pour obliger le voyageur à quitter son manteau : Inutiles efforts ! Le soleil se montre, envoie la douce chaleur de ses rayons ; aussitôt le voyageur se débarrasse de son lourd vêtement. La partie est gagnée.

Combien dans le monde d'âmes indifférentes ou aveugles resserrent davantage le manteau de la susceptibilité, de l'amour-propre froissé, en présence d'une piété trop rigide, ou d'un zèle trop sévère ! Au contraire, l'amabilité pieuse fait tomber de lui-même le préjugé de ces hommes qui veulent croire la vertu chrétienne incompatible avec les bienséances et les devoirs de la vie sociale et domestique. Détruire cette prévention, quelle victoire déjà !

Est-il besoin de vous rappeler combien la douceur a conquis d'âmes à Dieu ? St François de Sales, pour ne citer qu'un des apôtres de la mansuétude, convertit soixante-douze mille hérétiques par le charme de sa bonté.

Le cœur de l'homme ne se soumet volontiers qu'à l'affection. Dieu lui-même, en déployant sa sévérité et sa puissance, n'a fait que des ingrats. L'histoire du peuple, auquel il donna des lois sur le Sinaï, n'est que l'histoire d'une longue ingratitude commencée dans le désert pour se continuer sur le Calvaire et se perpétuer à travers les siècles. Aussi, dans l'accomplissement du mystère de la Rédemption, Dieu change de face. Son Verbe incarné sera vraiment la personnification de son infinie miséricorde. Jésus est la douceur même, son langage a la suavité du miel. Il dit au roseau à demi-rompu. « Je n'achèverai pas de te briser » ; —à la mèche qui fume encore : « Je ne t'éteindrai pas » ; à tous les malheureux ; « Venez à moi, je vous soulagerai. »

La trahison, l'ingratitude, la férocité ne peuvent altérer cette sérénité divine. Au disciple sans cœur qui l'a vendu et qui le livre, il adresse une parole d'affection : — « Mon ami ! » — A Pierre, qui l'a renié, un regard d'ineffable tendresse. Pour ses bourreaux, il trouve en expirant une excuse et une prière. Et c'est ainsi, par la puisssance du pardon, par l'incomparable charme de la douceur qu'il attire à lui le monde entier.

Quel plus parfait modèle pourriez-vous donner à votre apostolat dans la société et dans la famille, ma chère enfant ? Etudiez donc cet adorable exemplaire, comme disent les vieux maîtres de la vie spirituelle. Oui, Henriette, demandez à Jésus-Christ le secret de son attrayante douceur.

Jésus était souverainement doux parce qu'il aimait souverainement. Avant tout, il voulait du bien aux hommes ; *bene velle.* Il était bienveillant. La bienveillance fait partie de la douceur, son empire s'exerce à la fois sur le cœur et l'esprit. L'esprit, elle le surveille pour en écarter les ressentiments, l'injustice, les soupçons, l'envie, les préventions hostiles. Elle n'envisage les choses que par le bon côté. Elle excuse tout. Si les actes sont inexcusables, elle plaide les circonstances atténuantes et en obtient souvent le bénéfice en faisant juger favorablement des intentions.

Du cœur, la bienveillance éloigne avec soin les antipathies ; du moins, empêche-t-elle cette répulsion instinctive de percer dans le langage, les procédés et les manières. Quant aux sympathies, elle les surnaturalise, les transforme en pure charité.

Ici, mon enfant, laissez-moi vous rappeler comment on aime selon la foi. Prenons, si vous le voulez bien, la plus forte de vos affections. Celle-là sera peut-être la plus involontaire ? L'origine de tout amour humain, est mystérieuse, en effet. Sait-on, d'abord, pourquoi l'on aime ? Ce feu sacré qui tantôt se dérobe à nos aspirations, tantôt s'impose à l'improviste, nous vient-il directement d'en-haut ? Est-ce Dieu qui en jette l'étincelle dans l'âme, à son gré, parfois afin d'exercer notre énergie morale ? Quoi qu'il en soit, nul ne saurait ralentir les battements de son cœur en présence de l'être aimé ; il n'est pas d'effort capable d'annihiler cette émotion si douce, ni de substituer un autre objet à l'objet de notre sympathie, encore moins dépendrait-il de nous de trouver dans un attachement nouveau les mêmes impressions d'intime joie. Cette indépendance des inclinations du cœur est leur principal charme. Mais dès qu'une affection existe en nous, la volonté reprend ses droits. De cette tendresse née à notre insu, et qu'il nous serait impossible de déplacer, nous sommes pourtant les maîtres, — et nous le sentons. Nous pouvons la diriger et la perfectionner ; la tuer ou la laisser vivre, en un mot : abuser ou user sagement du don de Dieu.

Dans l'alternative, votre parti est pris d'avance, Henriette. Vous entendez perfectionner c'est-à-dire surnaturaliser nos affections. Elevez donc votre cœur jusqu'à Dieu même. Là, vous plongez dans l'amour infini ; vos tendresses que deviennent-elles ? Oserez-vous les comparer même à des gouttes d'eau perdues au fond de l'Océan sans bornes ? Vous pensiez trop donner, peut-être, ceux que vous aimez ? Dieu leur donne infinimen plus. Aimez ! aimez encore ! Vous n'égalerez jamais le divin Modèle. Mais si vous ne pouvez aimer autant que Dieu, vous devez aimer comme lui..

L'amour de Dieu n'est pas seulement plein de mansuétude, il a pour nous d'adorables prévenances. Avant que notre raison puisse les reconnaître et notre cœur en être touché nous sommes comblés des bienfaits divins. Voilà pourquoi saint Paul exige — « que nous nous prévenions les uns les autres. » La prévenance est une bonté spontanée, gratuite, comme celle de Dieu vis-à-vis de nous. L'homme est ainsi fait qu'il préfère à tout autre les prévenances d'estime. « L'estime d'autrui a dit un philosophe, est le lit de repos que nous désirons avant tout. » Mais l'estime, qui ne sortirait pas du domaine de la pensée, serait stérile dans la pratique ; nous voulons en avoir la démonstration. De là le devoir de la prévenance à l'égard de tout le monde. Pour le remplir, ce devoir, il ne faut qu'un peu d'humilité ; il suffit de surnaturaliser ce conseil de la politesse anglaise : — « Quand vous entrez dans un salon, que votre vanité fasse la révérence à tout le monde. » A la place de la vanité, mettez la charité ; votre révérence n'en sera que plus gracieuse et plus séduisante. Voyez le prochain dans le Cœur de Jésus, Henriette, et la prévenance ne vous coûtera rien.

La bienveillance et la prévenance ont une sœur charmante ; ou plutôt, réunies, elles produisent l'affabilité, ce mélange d'aisance, de bonté et de grâce qui communique à notre regard, à notre accent, le doux rayonnement, les pénétrantes vibrations de la tendresse, et qui fait sentir, à quiconque nous aborde, notre sincère désir d'être bien pour tous, et de nous faire tout à tous.

Ces modestes vertus, je vous l'ai déjà dit, exer-

cent une influence incalculable ; mais, je vous l'ai
fait observer aussi, elles exigent une grande énergie morale. On les trouve seulement chez les âmes
qui se possèdent elles-mêmes par la patience.

Je vous ai rappelé ce que la colère a de ridicule,
de dangereux et d'absurde ; je veux, pour compléter
ma pensée, vous indiquer les principaux ennemis
de la douceur.

Il y a d'abord la prévention en faveur de soi-
même. La besace, dont parle le bon Lafontaine est
souvent mal tournée sur nos épaules. On sent le
fardeau que les défauts du prochain nous imposent,
on ne songe guère à celui que les nôtres imposent
au prochain. Le remède est facile, vous savez ? Il
n'y a qu'à retourner la besace.

L'amère jalousie est bien autrement redoutable.
Cette passion me paraît en quelque sorte blasphé-
matoire, car elle semble demander compte à Dieu
de la distribution de ses bienfaits. Elle est tellement
mesquine et basse que nul ne veut s'en reconnaître
coupable, et cependant ce ver rongeur s'insinue
jusque dans les cœurs chrétiens ! St Paul disait
aux premiers fidèles : — « Gardez-vous de vous
mordre ni de vous manger les uns les autres,
ce serait le signe précurseur de votre anéan-
tissement.

En effet, la jalousie ne met pas seulement du

11

fiel dans l'âme ; son action propre est de stériliser. Entre égaux, elle paralyse le bien au moyen de la raillerie ; si elle s'attaque à l'autorité, elle l'affaiblit, la bat en brèche ouvertement, ou la mine en secret jusqu'au moment de la chute.

Le troisième ennemi de la douceur c'est la susceptibilité.

En ce siècle nerveux ou plutôt énervé, nous sommes tous impressionnables à l'excès, faciles à nous émouvoir de rien. « Effet des perturbations sociales de notre temps » disent les physiologistes. C'est possible, mais la susceptibilité n'en reste pas moins le plus insupportable défaut qui soit au monde. Une femme susceptible empoisonnerait les joies du Paradis, si elle pouvait y être admise.

Elle fait également souffrir ceux à qui elle doit obéissance et respect, ceux qu'elle aime, et ceux qui dépendent de son autorité.

Faut-il lui donner un avertissement ? Grand embarras. Comment la ménager assez, comment trouver l'occasion favorable, quelles expressions choisir ? On a beau faire, elle s'irrite, elle récrimine. Si l'on se tait, ce silence la blesse encore.

Dans la famille, chacun vit auprès d'elle dans la contrainte, elle s'en aperçoit et s'en offense. Ennuyée toujours, ne cherchant jamais à s'en cacher, elle met tout le monde en fuite. La voilà seule, plus boudeuse et plus chagrine aujourd'hui qu'hier, et se vengeant sur ses inférieurs de cette misanthrophie qui la torture.

La véritable piété, ma chère fille, corrige ces désordres auxquels on n'attache généralement pas assez d'importance. Priez Dieu de vous soutenir dans la lutte contre vous-même, et si vous ne triomphez pas toujours, du moins ne cessez jamais de combattre. Bien acceptée, l'humiliation de l'insuccès procure souvent de grandes victoires.

J'en ai le ferme espoir, ma chère Henriette, comme Ste Thérèse, comme Ste Elisabeth, comme Ste Catherine de Sienne, vous serez un séduisant modèle de piété. Vous rendrez la charité chrétienne vivante et agissante aux yeux de tous. Il n'y a que ce moyen de la faire comprendre et de la faire aimer.

Être douce, charitable, aimante du fond de l'âme, c'est bien ; mais si vous restez d'un sérieux exagéré, vous fatiguez ; si vous affectez la lourde gravité d'un pédagogue, vous glacez ; si vous êtes brusque, vous indisposez, on critique votre piété, et beaucoup la maudissent.

Il n'en sera pas ainsi de vous, j'en ai pour garants votre cœur et votre esprit.

AVANTAGES DE LA DOUCEUR

LETTRE XXII

Madame de S. au Révérend Père de C.

DIVORCE A PROPOS D'UNE PERRUCHE. — UN AR-
CHÉOLOGUE PERDU. — CHARMANT BILLET. —
TOUT S'EXPLIQUE.

Cher Père

Avez-vous oublié mon amie Marguerite, cette
fillette blonde, au fin profil, aux vives allures, qui
passait avec moi une bonne partie des vacances?
Vous lui reprochiez d'avoir le rire trop près des
larmes; et là-dessus, cher oncle, votre zèle apostolique débitait, je crois, de fort belles choses dans
le désert. Marguerite, après avoir ri au début de

vos discours, pleurait au milieu et boudait sérieusement à la fin. Moi, j'étais furieuse. Cette chère mignonne avait à mes yeux toutes les perfections, je ne comprenais pas votre rage de la molester régulièrement dix fois par jour: Je vous croyais jaloux de mon affection pour elle, (il y a des parrains capables de tout) et, ma foi, un beau soir, exaspérée de voir ses larmes, je lui dis le secret de vos persécutions. Quelle vilaine filleule vous aviez-là, cher oncle !

Aujourd'hui, mon amie Marguerite est mariée. Le mois dernier, comme j'arrivais de la campagne avec Julien, les domestiques m'annoncèrent qu'une dame s'était présentée la veille, se disant ma parente. Sur son insistance on lui avait donné un appartement.

— Où est-elle, dis-je un peu choquée de cette désinvolture ?

— Au salon, Madame.

Julien riait des hardiesses de l'inconnue et de mes velléités d'indignation.

— Allons embrasser cette chère parente, me dit-il avec sa joyeuse ironie.

Au salon je trouvais Marguerite; mon courroux s'épanchait en exclamations de joie, vous le supposez bien ? Mais ce n'était pas le moment de rire.

La pauvre enfant s'était jetée à mon cou, et

sanglotait à faire fondre les pierres. Julien, peu amateur de mélodrame, s'esquiva sans bruit.

— Qu'est-ce que c'est? disais-je très-attendrie. Qu'as-tu donc, Marguerite ?

— Ah ! me répondit-elle enfin, tu es heureuse avec ton mari, toi. Mais moi !

— Comment, repris-je effrayée, aurais-tu épousé un malhonnête homme ?

— Oh ! non ! non !

— Un prodigue peut-être, un libertin ?

— Ce n'est pas cela.

— Alors, un jaloux, un butor, un...

— Ne suppose rien, je te raconterai tout, reprit Marguerite, en m'interrompant.

Elle essuya ses larmes, me regarda un instant, puis éclata d'un rire saccadé, convulsif, qui me fit redouter une crise nerveuse.

— Au fond, c'est drôle, me dit-elle, peut-être vas-tu te moquer de moi. Pourtant, je suis bien à plaindre !

Elle n'osait plus m'avouer le sujet de son chagrin... Je la pressai vivement. Après mille instances, devinez ce que j'appris ? — On s'était disputé, insulté, puis brouillé, à propos d'une perruche et d'un chien !

Voyant cette catastrophe matrimoniale réduite à de telles proportions, je me sentis allégée, ayant

eu vraiment peur d'abord. Ma physionomie s'é-
claira de ma joie intérieure, sans doute ; Marguerite s'en aperçut, rougit et s'embarrassa. Il se fit
dans sa narration un imbroglio de perroquets et
de King-Charles, tellement inextricable, que la
pauvre femme y perdit le fil de son discours. J'avais
une terrible envie de rire. Par bonheur je parvins
à la contenir, et j'évitai ainsi de blesser mortellement la narratrice.

Pendant quelques heures, dominée par sa sotte
colère, Marguerite jurait ses grands dieux qu'elle
ne remettrait jamais les pieds dans une maison où
l'on préférait les perruches à son repos tandis que
son chien, à elle, n'avait pas le droit d'aboyer.

Contre ces bizarres plaintes et ces folles résolutions, j'invoquai le devoir chrétien. Toute pieuse
qu'elle est, Marguerite secoua la tête.

— Dieu n'impose pas l'impossible, me répondit-
elle. Je n'ai jamais eu la vocation du martyre.
D'ailleurs, ajouta-t-elle, j'ai déclaré mes projets
et l'on n'a pas daigné s'y opposer. Vois, plutôt.

Elle mit sous mes yeux une lettre ainsi conçue:

« Après votre éclat de ce matin, tout est possible.
» N'ayant pas envers vous le plus léger tort, je
» vous laisse libre. Puissiez-vous reconnaître votre
» injustice et vos fautes. »

— Mais c'est le langage d'un homme bon, très-bon ! m'écriai-je. Sous cette sécheresse de forme, il y a, j'en suis sûr, une poignante douleur.

Marguerite se jeta dans mes bras et fondit en larmes.

— Je l'aime ! murmura-t-elle au milieu de ses sanglots.

— Et lui aussi t'aime sincèrement, chère folle. Veux-tu lui écrire sur l'heure ?

C'était inutile, Julien avait télégraphié.

Marguerite et son mari ont passé huit jours ensemble chez nous, huit jours de torture ! Ma pauvre amie harcèle ce malheureux M. V. comme une guêpe enragée. Il ne peut faire un geste ni prononcer un mot qu'il ne sente le dard. La piqûre l'irrite, mais il se contient d'abord, puis riposte, et la bataille s'engage à coup de dents. C'est à fuir aux Antipodes ?

La veille du départ de cet aimable couple, personne dans la maison, pas même les domestiques, n'osait prononcer un mot. Parler, en effet, c'était exposer M. V. à la tentation de dire quelque chose, il ne pouvait ouvrir la bouche sans nous attirerindistinctement quelque réplique acerbe de sa femme.

Pourtant cette pauvre Marguerite adore son mari ; mais elle est susceptible et jalouse ; ces deux

travers ont rendu son humeur insoutenable, d'iné-
gale qu'elle était déjà.

Après leur départ, qui fut pour nous une déli-
vrance, Julien me dit:

— V. s'abrutira et sa femme mourra folle furieuse...

— Moqueur ! lui répondis-je.

Il me regarda d'un air grave.

— Je ne raille pas, me dit-il. V. n'a que la dis-
sipation pour échapper à son supplice. Soyez certaine qu'il prendra cette voie. Quant à sa femme,
rien ne la corrigera, elle fera le tourment de tout
le monde sans cesser de voir un bourreau dans
chacun de ceux qui l'entourent.

J'ai redoublé d'attention sur moi-même, cher père,
afin d'atteindre à cette vertu de douceur qui est,
m'assurez-vous, la vertu des parfaits. Il s'est pré-
senté une dure occasion de la pratiquer.

La semaine passée, Julien assistait à une tournée
archéologique annoncée à grand fracas dans nos
feuilles locales. Il m'écrivait tous les jours de petits
billets charmants; puis tout à coup je ne reçus plus
rien de lui. Les journaux ne donnant leurs comptes-rendus qu'après quarante-huit heures, nécessaires à la composition et à l'impression des articles,
je ne pouvais suivre l'itinéraire de nos savants, qui
n'avait pas été tracé d'avance, et ne savais jamais

où se trouvait Julien. Comment lui écrire ? Comment, d'autre part, m'expliquer son silence ?

Il revint sans me prévenir.

C'était le matin, j'avais fait une assez longue course de charité, précisément pour trouver quelque diversion à l'inquiétude où me jetait le mutisme de mon mari. Lorsque j'appris en rentrant que mon trop fervent archéologue écrivait dans son cabinet, toute mon angoisse, et... il faut le dire aussi, toute ma rancune s'évanouit dans la joie. Comme mon cœur battait, comme j'étais heureuse en courant vers l'infidèle !... Il m'entendait venir... et quelle que fût ma hâte, je n'eus pas le temps de me jeter à son cou avant de rencontrer ses yeux dont le regard fixe et froid m'attendait pour me pétrifier. Je manquai tomber à la renverse. Julien, le bras étendu comme pour m'arrêter au seuil de l'appartement, me dit sans daigner remarquer ma poignante surprise :

— Pardon, veuillez ne pas m'interrompre en ce moment. Je suis sérieusement occupé.

Une heure après, Julien vint au salon ; mais il y avait du monde. Il se mêla à la conversation générale pendant un quart d'heure avec sa verve accoutumée ; puis sortit en m'annonçant qu'il ne rentrerait pas pour dîner. Le lendemain, il passa la journée à la campagne. Enfin, cher père, durant toute une mortelle semaine, mon mari vécut au dehors, ou s'assura la présence d'un tiers entre nous dans la maison.

Je souffrais au point d'en être ahurie. Je ne savais quel jugement porter sur cet homme transformé tout à coup à mon égard, sans motif. Les frayeurs les plus atroces, les suppositions les plus absurdes me venaient à l'esprit. Tantôt je me serais traînée à ses genoux afin d'obtenir l'explication d'un si cruel mystère, tantôt des colères folles troublaient mon cerveau, j'aurais brisé les meubles, j'aurais couvert d'outrages le méchant qui semblait se jouer à me faire souffrir. Grâce à Dieu, cher père, et grâce à vous, le sentiment du devoir a maîtrisé ces tempêtes. — « La douceur est sans rivale et souveraine ; seule elle triomphe toujours, » m'aviez-vous dit ; je m'en suis souvenue. N'ayant aucun reproche à m'adresser, il m'a semblé que je n'avais non plus rien à dire. L'attention hautaine que mettait Julien à éviter le tête-à-tête me prouvait assez d'ailleurs qu'une demande d'explication l'indisposerait davantage contre moi. Je pris le parti de me taire et de maintenir sur mon front le calme qui n'était plus dans mon cœur. Mais avec un lutteur de la force de Julien, ce rôle était écrasant, je vous jure, et la durée du supplice pouvait être indéfinie.

Un soir, couchée dans notre jardin, au fond d'une

allée de charmille, je ne pus me défendre de pleurer
abondamment, convulsivement... Tout à coup, les
branches s'écartèrent près de moi ; tandis que j'es-
suyais vivement mes larmes, le petit Jean, notre
aide jardinier, se glissa sous les berceaux, et s'agenouilla les mains jointes.

Ce jeune garçon avait suivi Julien dans sa tournée archéologique ; au bout de quelques jours, il
était revenu disant que son maître n'avait plus
besoin de lui. Le silence de Julien coïncidait avec
le retour de ce compagnon rustique, je m'en sou-
vins à l'instant même où Jean tombait à genoux
devant moi.

— Madame, dit-il d'un ton suppliant, madame...
— Qu'est-ce que c'est, lui répondis-je, parle.
— C'est peut-être ma faute si vous avez du cha-
grin, reprit-il.

En même temps il tira de sa poche et me présenta un papier souillé de boue.

C'était ce billet de Julien :

» Mon Henriette aimée,
» Donne à Jean les deux bronzes qui sont
» sur mon bureau de travail. Je les cède pour
» compléter une collection, mais je rapporterai
» en échange un bijou antique admirablement con-
» servé. C'est un bijou de reine. Je doute pourtant

» qu'il ait jamais orné un cou aussi gracieux que
» le tien.

» Fais bien emballer mes petits bronzes et puis
» renvoie Jean sans le retenir une minute... Songe
» qu'en le revoyant, je croirai apercevoir sur toute
» sa personne un reflet de ton beau regard. La
» petite brute ! S'il pouvait soupçonner combien en
» ce moment je lui envie le bonheur d'entendre ta
» voix !

» Tant pis pour le touriste imbécile laissant des
» trésors de joie pour courir après des montagnes
» d'erreur et des abîmes d'incertitudes. Ton ab-
» sence me brouille avec les savantasses, pour tou-
» jours. Est-ce qu'on se fait archéologue quand on
» a dans l'esprit et dans le cœur un délicieux tyran
» qui se nomme Henriette.

» Ton . . . . .

» JULIEN »

La lecture de ces lignes me jeta dans un trouble
inexprimable.

— Qui t'a donné ce billet ? dis-je à l'enfant.

— Monsieur le comte .

— Et pourquoi ne l'as-tu pas remis ?

— Madame, reprit Jean avec angoisse, pour
l'amour de Dieu, ayez pitié de moi ! si vous parlez
à M. le comte de ma faute, je suis perdu, je ne

trouverai plus nulle part à me placer... et nous sommes bien pauvres, Madame, croyez-le.

— Mais parle, malheureux, parle donc !

— Vous ne direz rien à M. le comte ?

— Non, sois tranquille.

— Eh bien, Madame, j'avais perdu ce billet en chemin.

— Pourquoi ne pas le dire en arrivant ?

— Je n'osai pas, Madame ! J'eus peur d'être chassé. Alors je dis que M. le comte n'avait plus besoin de moi dans sa tournée ; mais sachant bien qu'il me donnerait congé à son retour, j'ai cherché secrètement un nouveau maître. Si vous le permettez, Madame, je partirai ce soir. Hier, le bon Dieu m'a fait retrouver ce papier dans un coin de la cour Je cherchais une occasion pour vous le remettre, car je voyais bien que vous aviez du chagrin à cause de moi ; M. le comte est fâché peut-être contre vous parce que je lui ai soutenu que je vous avais remis bien exactement sa lettre. Il croit aussi, Madame, que vous m'aviez empêché de retourner auprès de lui. J'ai menti afin de n'être pas congédié brusquement, ce qui aurait trop affligé ma mère. Pardonnez-moi, Madame, attendez encore pour dire ma faute à M. le comte, laissez-moi partir avant.

Chose étrange, mon père ; je ne connais pas

assez Julien pour juger de prime abord ses sentiments et présumer d'avance la conduite qu'il tiendra. Il y a tant de fluctuations dans cette riche et mobile nature ! Je ne savais donc si Jean avait tort ou raison de craindre. D'un autre côté, Jean parti, je me demandais si l'histoire de sa faute serait acceptée comme authentique, et ne laisserait aucun nuage dans l'esprit de Julien ; mais le petit jardinier manifesta une terreur si grande à l'idée de confesser son étourderie et son mensonge, il me parla en termes si touchants de sa pauvre famille à laquelle M. le comte ne voudrait plus s'intéresser désormais... que je me laisssai gagner.

— Retarde ton départ de vingt-quatre heures, lui dis-je, et compte sur moi. Si je révèle ta faute j'en aurai obtenu d'avance le pardon.

— Et je pourrai demeurer chez vous, Madame, près de ma mère ? s'écria Jean.

— Oui, je le crois.

Il poussa un cri reconnaissant, exécuta une éloquente cabriole, et s'enfonça à travers la charmille dans un fourré voisin.

Je sortis lentement de l'allée, pressant sur mon cœur le billet de Julien, heureuse d'avoir la clef d'un mystère qui pesait depuis huit jours sur ma vie, et me promettant de souffrir encore s'il le fallait, pour obtenir la grâce de Jean.

La soirée était sombre, je vis à peine une haute silhouette se détacher du perron illuminé par le reflet des fenêtres éclairées à l'intérieur; mais je reconnus Julien à son étreinte. Il avait tout entendu derrière le berceau de charmille. C'était son propre pardon qu'il implorait en des termes capables d'effacer les plus grands torts !

Le lendemain, il me pria de prendre quelque ouvrage de femme, et de rester près de lui pendant qu'il travaillait. Il écrivit longtemps, puis il releva la tête, et me regarda en silence. Comme mes yeux interrogeaient les siens :

— Il y a quelque chose en vous qui m'étonne, et que j'admire profondément, dit-il. Vous savez souffrir avec sérénité. Vous ne m'avez pas fait de scène, Henriette, et grâce à votre patience, quand la vérité est venue, nos cœurs séparés par un malentendu, ont pu se rapprocher sans rancune. En serait-il de même si nous avions échangé en aveugles des plaintes, des reproches, et peut-être des injures ?

Ah ! cher oncle, en écoutant ces réflexions, combien je me félicitais d'avoir suivi vos conseils !

NÉCESSITÉ D'UN RÈGLEMENT

LETTRE XXIII

Le Révérend Père de C. Madame de S.

BON EMPLOI DU TEMPS. — L'HEURE DU RÉVEIL. — DU EEMPS POUR TOUT. — LE RESSORT CACHÉ, UNE SEULE RÈGLE INVIOLABLE. — QUITTER DIEU POUR DIEU. — OUVRAGES DE FEMME. — PORTRAIT TRACÉ PAR L'ESPRIT-SAINT. — LE PRIX DU TEMPS.

Bravo! ma chère enfant. Vous connaissez désormais le prix de la patience. Julien vous a fait apprécier les résultats de votre douceur, de votre silence résigné. Je n'ajoute rien à ses réflexions.

Puisque chez vous la direction morale est si bonne, passons, s'il vous plaît, à un ordre d'idées moins élevé, mais non moins utile.

En devenant maîtresse de maison avez-vous négligé la règle imposée à votre vie de jeune fille ? J'ai eu plusieurs fois la pensée de vous questionner là-dessus. Gaspiller le temps ou l'employer sans méthode et sans ordre, sont deux excès trop répandus. Il faut régulariser l'emploi de vos journées, et faire que cet emploi soit bon.

Mais qu'entendons-nous par le bon emploi du temps ? Rien de plus facile à comprendre. Dieu nous donne le temps uniquement pour sa gloire et pour notre salut. Creusez cette pensée, Henriette, et puis songez au peu que nous faisons pour notre unique fin, comparé à ce que nous consacrons à notre satisfaction personnelle... Vous en serez effrayée.

On l'oublie trop, notre vie appartient à Dieu. Il est donc rationnel d'offrir à Dieu nos actions, et nous devons trouver bien doux de pouvoir les sanctifier toutes par un acte si naturel d'adoration, de reconnaissance et d'amour. N'oubliez jamais, chère Henriette, le *Sursum corda* ! du réveil.

Voyez l'oiseau: A l'aube il secoue son aile et s'élève en chantant vers le ciel. Que votre âme s'envole aussi vers la lumière céleste, quand vos yeux se rouvrent à la lumière du jour; que votre cœur chante dès le matin l'hymne de la reconnaissance.

Enfants, nous prononcions au réveil le nom de

notre mère afin d'attirer sur notre berceau des soins et des sourires. Hommes, il convient à notre faiblesse de répéter le nom de notre Mère des cieux, et de réclamer le secours divin, avant de reprendre chaque jour le fardeau de la vie.

Rien ne peut vous défendre, chère Henriette, de commencer votre journée par un signe de croix, suivi d'une courte élévation du cœur vers Dieu. Vous pouvez pour cette prière, adopter une formule, si cette méthode n'amène pas l'inattention, la froideur; toutefois, j'aimerais mieux un véritable élan de l'âme quelques oraisons jaculatoires partant bien du cœur, et s'élevant à Dieu, comme les bras de l'enfant se tendent spontanément vers la mère attentive auprès du berceau. Dieu aussi veille sur notre sommeil et attend ce premier cri d'amour.

Distribuez ensuite l'emploi de vos heures. C'est le meilleur moyen de trouver du temps pour tout. Si vous ne pouvez assigner des heures spéciales à toutes choses, déterminez au moins les actions qui doivent remplir les matinées, celles ensuite qui occuperont l'après-midi et la soirée. Ce règlement (vous aurez soin de l'écrire, n'est-ce pas?) sera dans votre vie comme le ressort caché qui relie entre elles les pièces d'une machine et leur imprime un mouvement contendant et uniforme dans la diversité de leurs fonctions. Ainsi l'ordre prescrit par vous-même groupera vos occupations diverses autour de ce but: l'utile emploi du temps, et consacrera les plus indifférentes à la gloire de Dieu.

Mais comment faut-il pratiquer ce règlement de vie?

J'ai parlé de ressort, tout à l'heure, et j'ai dit: un *ressort caché*. Il ne faut pas que votre règle particulière s'étale, ni qu'elle s'aperçoive. Elle pourrait déplaire en paraissant s'imposer à ceux qui vous entourent. Gardez-la pour vous, comme un secret entre Dieu et vous.

Il y a de pauvres femmes qui, toutes fières du règlement indiqué par leur directeur, ou tracé par leur fantaisie, préfèrent ce règlement à la volonté de Dieu même. L'ordre et le règlement dans la vie quotidienne ne sont nullement pour elles un moyen de sanctification, mais plutôt une routine dont il ne faut pas les détourner; elles y tiennent rigourement, obstinément; s'il est question d'y changer un iota, les voilà contrariées, récalcitrantes, bourrues, souvent furieuses. Oh! la bonne manière de rendre la piété aimable!

Pour une âme dévouée, je vous l'ai dit cent fois, chère enfant, une seule règle est inviolable, celle du véritable amour, c'est-à-dire la *volonté de* Dieu. Or, la volonté de Dieu se manifeste par la *nécessité*, par l'*obéissance*, par la *charité*. Toute chose né-

cessaire doit passer avant celle que votre règlement vous prescrirait à la même heure ; et il faut
que nul ne s'aperçoive de la substitution ; ou si on
la remarqué, du moins que ce soit à votre avantage, c'est-à-dire pour constater, à la sérénité de
votre humeur, combien vous savez vous accommoder aux circonstances.

N'hésitez jamais encore à tenir votre règlement
pour non avenu quand l'obéissance vous parle,
quand la charité vous sollicite. Obéissez gaîment,
sans réflexion ni commentaire, et sachez accomplir,
le sourire aux lèvres, tel sacrifice qui fait plaisir à
autrui. On est toujours fidèle quand on l'est autant
qu'on peut l'être ; on l'est encore bien mieux en
cédant au prochain qu'en s'écoutant soi-même.
Alors on quitte Dieu pour Dieu, on mérite de le
trouver plus avant dans le cœur, et de sentir d'a-
vantage le bonheur de vivre pour lui.

Ces traverses et contrariétés servent d'ailleurs
à rompre notre volonté, à nous donner une piété
simple et facile, et nous font pratiquer mille vertus
dont l'occasion se présente seulement dans ces
circonstances.

Inutile d'insister avec une personne aussi sensée
que vous l'êtes. Vous n'imiterez jamais ces pauvres
femmes qui jettent leur règlement à la tête de tout
le monde. J'ai vu, à ce sujet, une plaisante affaire :

Une dame riche, assez éprise de sa propre réputa-tation de sainteté, avait engagé sur tous les tons une pauvre mère de famille à se donner pour gagne-pain un facile ouvrage de femme, mis en vogue récemment par les journaux de modes. L'ouvrière, touchée d'une charité si prévenante, se présente le lendemain chez sa protectrice improvisée, et lui demande une leçon qui la mette à même de suivre ses bons conseils.

— Oh ! répond la dame, c'est impossible. L'em-ploi de mon temps est si bien réglé qu'il ne me reste pas une heure de disponible.

La pauvre femme déçue dans son espoir et dans sa confiance, répartit vivement :

— Dans une journée aussi bien ordonnée que la vôtre, Madame, il y a certainement l'heure de la charité ? C'est celle-là que j'osais réclamer.

La Dame au règlement demeura fort penaude.

Il ne suffit pas de bien régler ses journées, je vous l'ai déjà dit, Henriette, il faut les bien remplir, c'est-à-dire les consacrer au travail et à la prière. Je n'entends pas d'interminables prières vocales, mais cette fréquente élévation du cœur qui nous unit à Jésus-Christ, imprime par degré à l'âme le sentiment de la présence de Dieu, et mêlant ainsi l'amour divin à nos pensées et à chacun de nos actes, les sanctifie tous. Quant aux pratiques de piété qui ne sont pas d'une étroite obligation pour le service de Dieu, vous leur consacrerez seulement vos heures laissées libres par les devoirs de votre état, et vous saurez, à l'occasion, sacrifier vos goûts les plus pieux, soit aux désirs, soit à la volonté de ceux qui vous entourent.

Pour ce qui est du travail, ne vous contentez pas de ces délicats ouvrages de femme que l'on peut porter au salon sans blesser aucune loi de l'élégance. J'ai vu des femmes atteindre, en ce genre de talent, à l'adresse des fées, et produire de véritables merveilles. Ces chefs-d'œuvre leur attiraient force compliments, mais ils coûtaient cher, avaient absorbé un temps considérable, et comme tant d'autre belles choses restaient inutiles. Je ne blâme pas, entendons-nous, ces menus travaux de femme ; plus ils se rapprochent des œuvres d'art, plus je les admire, mais j'exige de vous, Henriette, comme de toute femme sérieuse, la préférence pour les travaux de ménage, et pour tout ce qui tient au bon ordre et au confortable de la maison ; j'ajoute même pour tout ce qui a trait à l'économie ; car nulle maîtresse de maison n'est dispensée d'être économe. Si vous manquez de fortune, économisez pour vos enfants ; si vous êtes riche, économisez pour les pauvres.

Ainsi donc, mon enfant, soyez brodeuse habile,

je le veux bien, à vos moments perdus ; mais ne dédaignez pas d'être aussi ravaudeuse et couturière. Il n'est question ni de dentelles ni de fleurs, dans l'énumération que l'Esprit-Saint nous a faite des travaux de la femme forte. Écoutez donc : —
» Elle cherche la laine et le lin et les travaille ha-
» bilement de ses mains. C'est elle qui veille à tout.
» Sa lampe ne s'éteint jamais. Elle ceint ses reins
» de force, elle endurcit son bras. Elle distribue
» la nourriture à ses servantes, à ses domestiques.
» Ses mains s'attachent aux travaux les plus rudes
» et ses doigts tournent le fuseau. Aussi ne craint-
» elle pour sa maison le froid ou la chaleur, car tous
» ses domestiques ont double vêtement. Elle a tissé
» une robe pour elle. Le lin et la pourpre servent
» à la vêtir. Elle observe dans sa maison jusqu'à
» la trace des pas, et ne mange pas son pain dans
» l'oisiveté. »

Étudiez ce ravissant modèle, chère Henriette. Ressemble-t-il à ces femmes qui, regardant les occupations utiles comme au-dessous de leur condition, passent le temps à promener leur ennui et leur incapacité ? Pauvres créatures ! Combien de fois ai-je entendu les hommes les plus mondains railler cette vie oisive ! Quelle déception, pourtant ; vouloir se donner des airs de distinction et n'aboutir qu'à passer pour sotte et vaine ! De plus, se

rendre l'existence amère, et offenser Dieu gravement.

La paresse est un péché capital, vous le savez.
Il est bien difficile aux théologiens de déterminer
à quel laps de temps perdu répond la griéveté de la
faute. Toujours est-il certain que d'effrayantes
menaces sont adressées aux âmes paresseuses ;
alors même qu'on ferait les actes de ferveur et de
charité les plus méritoires, si l'on néglige ce qu'il
y a d'obligatoire relativement au travail, le salut
est sérieusement compromis. Nous tremblons à la
pensée du compte sévère qui nous sera demandé
des pensées et des paroles inutiles. Que sera-ce
donc, de tant d'heures, de tant de journées perdues ?
Et quelle folie de gaspiller notre existence si courte !
Songez donc qu'elle est le prix auquel nous ache-
tons le bonheur sans fin. N'oubliez jamais, Henriette, cette vérité terrible.

A qui lui refuse le temps, Dieu refusera l'éternité

TROISIÈME PARTIE

DEVOIRS DE LA JEUNE MÈRE

LETTRE XXIV

Le Révérend Père de S. à Madame de C.

MÈRE! — L'INSTINCT. — L'AMOUR DE L'AME. — AMOUR
PAIEN. — INFLUENCE DE LA PREMIÈRE HEURE. —
UN ANGE OU UN SAINT !

Mon enfant, vous voilà mère! Quelle céleste bénédiction! Mère! Après celui de Dieu, ce nom reste
le plus doux de toute langue humaine, comme
il en est le plus sacré! C'est le nom que le cœur
prononce avant de l'avoir appris, et dont le souvenir laisse dans la mémoire un parfum qui ne
doit pas mourir. Ah! c'est que la mère est la personnification la plus douce et la plus pure de
l'amour.

Votre nouveau titre vous associe à la paternité de Dieu même. Vous partagez l'amour du Créateur pour l'âme blanche qu'il vous a confiée. C'est à ce point de vue chrétien qu'il faut surtout envisager votre tendresse.

L'ineffable attrait qui vous incline sur un berceau, le lien si puissant qui vous unit au fils de votre cœur et de vos entrailles, ne sont qu'un instinct... Instinct sublime, mais dont l'animal prodigue autour de nous d'admirables exemples. Ce qui appartient à l'homme et ennoblit son sentiment, c'est le respect de l'âme cachée sous une si frêle enveloppe ; c'est la pensée que cette âme vient de Dieu.

Henriette, que dès aujourd'hui votre amour maternel se possède et se dompte. Votre bonheur est une mission, votre cher trésor une responsabilité : Devant cette vie qui commence, pensez à celle qui ne doit pas finir !

J'ai vu des mères presser un premier-né sur leur cœur, et perdre dans cette ivresse jusqu'à la notion du devoir. — « Vis, mon enfant, semblaient-elles dire ; sois beau et sois heureux. Il n'est plus rien au monde pour moi que ton sourire et tes caresses. »

Loin de vous, ma fille, cet amour païen. La vie matérielle de votre fils tient aux fibres de votre cœur, je le sais, et ne peut se briser sans les déchirer toutes ; mais préférez sa vie morale, c'est-à-dire l'avenir éternel. Imitez les saints qui, recevant le don de Dieu, le remettaient aussitôt dans les mains de Dieu même.

La pieuse disposition des parents au moment où sur leur cœur ému, ils pressent pour la première fois le fruit d'un chaste amour, influe, j'aime à le croire, sur l'avenir de l'enfant. Comment Dieu refuserait-il de prendre particulièrement sous son aile cette âme qui s'ignore, et que la tendresse et la foi lui confient ! Je l'ai remarqué : les plus grands saints dont nous lisons l'histoire furent voués à Dieu avant de voir le jour ou dès leur naissance. Profitez de ces leçons, Henriette. Sachez dire à Dieu, au moment où l'eau du saint baptême coulera sur le front de votre fils.

— « Mon Dieu, je place ma fragile tendresse sous la sauvegarde de votre amour infini. J'aime mon enfant plus que moi-même et je préfère son bonheur à ma joie. O Père ! sauvez-le, fût ce au prix de mes larmes. Seigneur, qui me l'avez donné, ne refusez pas de le reprendre pour en faire un *ange* ou un *saint* ! »

Voilà chère Henriette, la prière qui doit s'échapper demain de votre cœur, si en vous la mère et la chrétienne sont restées d'accord.

DEVOIRS DE LA JEUNE MÈRE

LETTRE XXV

Le Révérend Père de S. à Madame de C.

RÉVÉLATION D'UNE DESTINÉE SURNATURELLE. — BEAUTÉ DE L'ENFANT. — JOIES DE LA MÈRE. — UNE LOI DE LA PROVIDENCE.

Mon père, la prière du sacrifice était déjà sortie de mon cœur. Dès le premier moment de ma joie, avec vous et comme vous, j'avais dit: — Un *ange* ou un *saint*!

Oh! quelles heures de trouble ineffable et d'émotion sacrée! Oh! oui, les anges du ciel assistent à l'avénement de l'âme humaine dans la vie... Il y a la révélation d'une destinée surnaturelle dans les transports et le respect qui accueillent ce petit être inconscient et nu dont le premier cri remue si profondément nos entrailles !

Oh ! comme je me sentais près de Dieu, lorsque ma mère, après avoir reçu mon fils dans ses bras, le présenta à mes baisers ! Quand elle se retourna vers Julien, celui-ci fléchit le genou devant ce petit front chauve et tremblant ; puis il se redressa et je ne saurais dire avec quelle solennité imposante et cependant sans emphase, il étendit les mains sur notre premier-né pour le bénir. Ce geste et l'expression du visage avaient une éloquence pénétrante. Chacun de nous en fut ému... Cependant mon père, il faut bien le dire, j'ai en vain souhaité qu'un simple signe de croix rendit cette première bénédiction chrétienne !

Désormais, mon père, ma vie va se résumer en ces deux mots : *amour* et *sacrifice*. Comme la sève coule et s'épand de l'arbre dans son feuillage pour s'épanouir en fleurs qui présagent les fruits, ainsi ma tendresse s'épandra de mon cœur sur ce berceau pour achever ce cher petit être, la plus belle fleur de ma vie, le plus doux fruit de mon amour. A moi revient de droit la garde du trésor qui contient tant d'espérances.

Souvent, près de ce berceau, mon imagination interroge l'avenir. Oui, me dis-je, ces mains délicates tiendront le sceptre de la pensée, le sceptre do la parolo. Sous co front si pur,qu'offleurent mes lèvres, s'épanouiront les grandes idées qui remuent le monde. Dans cette poitrine, qu'un souffle léger soulève à peine, mugiront un jour do fortes passions! Quelles destinées attendent donc cet être indifférent et déjà si aimé? Plus jo lo regardo, plus mon orgueil do mère me lo fait trouver beau. Oui beau comme l'espérance do mon cœur, l'espérance de ma famillo, l'espérance de la patrie; beau comme l'espérance do l'Église, comme l'espérance du ciel dont un ange a reçu mission de veiller sur lui et de lo protéger.

Pour une mère tendro, quelle fête quo la beauté, la grâce, l'innocence des premières années de son enfant. Comme son regard aime à se baigner dans co regard candide! Ses doigts à se perdre dans la blonde chevelure qui couronne un front si pur. Ame toute blanche où rien encore n'a terni l'éclat du baptême! douces lèvres que le mensonge, n'a point souillées? paisible sommeil hanté par des rêves célestes! adorable ignorance qui voit le passé, le présent et l'avenir dans le sourire maternel; larmes si vite séchées par un baiser, plaintes qu'une caresse change en sourire, grâces enchanteresses de la première enfance, vous êtes le trésor exclusif de la mère et la récompense de son dévouement. Le père... oh! le père, il n'a pas tous ses devoirs dans sa tendresse. Chaque matin, avant de franchir le seuil de son foyer pour reprendre son labeur ou se mêler au mouvement des affaires, il s'arrêtera peut-être un instant près du berceau où l'enfant dort encore, soulèvera un coin du rideau qui abrite cet angélique sommeil. Mais déjà préoccupé des soucis que lui apporte la journée qui commence, il sourit et s'en va. La pensée de son enfant lui rappellera sans doute qu'il doit travailler avec plus de courage, et ce souvenir allégera ses peines. Le soir quand il rentrera il aura du bonheur à contempler son image dans l'enfant de sa tendresse; il oubliera ses fatigues, ou n'y songera que pour se réjouir d'avoir donné à sa femme et à son enfant, une preuve de plus de son amour. Voilà à quoi se borne, en général, le rôle du père auprès de ses jeunes enfants. La mère reste presque seule en possession des caresses et des sourires, seule à surveiller, à diriger le premier éveil de ces âmes, à la fois si étonnées et si curieuses des réalités de la vie.

Cher père, j'ai voulu nourrir mon fils. C'est là, je crois, une loi de la Providence, et je me serais bien gardée de confier ce doux et pénible soin à une autre. La mère qui nourrit n'achève-t-elle pas de créer elle-même son enfant? Elle continue de mettre son sang dans son sang, sa chair dans sa chair, et se fait ainsi de plus en plus mère. Non, je ne souffrirai pas qu'un autre sang se mêle à mon sang dans ses veines ; je ne veux pas que ces yeux si doux et si vagues encore brillent pour la première fois du rayon de l'intelligence sous un autre regard que le mien. Je veux pour moi son premier sourire ; le premier battement d'amour qui animera son cœur sera aussi pour sa mère. O doux ami ! qui pourrait donc t'aimer comme je t'aime! Personne, excepté Dieu qui m'ordonne de vivre pour toi.

J'épanche devant vous ma tendresse, cher père. C'est que désormais nous serons deux à profiter de vos conseils.

DEVOIRS DE LA JEUNE MÈRE

LETTRE XXVI

Le Révérend Père de S. à Madame de C.

LA MODE. — NOS AIEULES. — FAUT-IL LES BLAMER? — LA SANTÉ ET L'AVENIR DE L'ENFANT. — LES POUPÉES. — BÉBÉS ARTIFICIELS. — UNE AME HONNÉTE.

Il est très à la mode aujourd'hui, ma chère Henriette, de *nourrir* ses enfants. Toute femme du monde tant soit peu jalouse de passer pour une femme sérieuse, accepte avec fierté le rôle de nourrice. Les théories humanitaires, si en vogue de nos jours, ont produit cet engouement.

Nos aïeules confiaient plus volontiers leur jeune progéniture à un sein étranger. Il fut même une époque où nulle femme de bon ton n'aurait consenti à nourrir elle-même son fils ou sa fille.

Devons-nous, en ceci, blâmer rigoureusement le passé, et approuver le présent sans réserve? Je ne le pense pas.

Nourrir son enfant est sans doute un devoir pour la mère; mais seulement à la condition de se trouver en état de le *bien nourrir*. Se dispenser de ce devoir par légèreté, paresse, égoïsme, c'est enfreindre évidemment la loi providentielle; le remplir au contraire, en dehors de toute réflexion et de toute prudence, c'est compromettre par une fantaisie coupable, la santé, la vie de l'enfant. Par conséquent, celles de nos aïeules qui oubliaient en des mains mercenaires le berceau de leurs nouveaux-nés, afin de ne rien sacrifier de leurs habitudes frivoles, celles-là méritent nos blâmes sévères. Mais celles qui, étiolées par une existence inactive ou fatiguées par les agitations de la vie mondaine, choisissaient pour remplacer leur lait affadi ou enfiévré, le lait substantiel et pur d'une robuste et honnête femme du peuple, celles-là comprenaient mieux le devoir maternel.

Avant tout il faut procurer au nourrisson, autant que la chose dépend de nous, un bon tempérament. La santé est le premier bien de la vie; en l'absence de celui-là tous les autres sont pure chimère. D'un autre côté, sans forces physiques, le moyen de travailler sérieusement, de se dévouer utilement ! L'homme frêle est presque toujours nul; le valétudinaire est à charge à lui-même et aux autres.

La constitution, qui l'ignore? influe sur la disposition morale. Il n'est pas naturel d'avoir une âme gaie, forte, courageuse, un esprit lucide et actif, un cœur aimant et généreux dans un corps infirme. La santé languissante donne l'humeur morose; l'esprit devient sombre, le cœur s'aigrit; malheureux lui-même, le malade répand la tristesse autour de lui. Et l'on ne songerait pas à écarter de l'enfant qui vient au monde ce long tourment d'une existence souffreteuse, d'une vie morale avortée? Comment ! parce que la mode et d'absurdes déclamations les y poussent, parce que d'ailleurs elles se font un égoïste plaisir de se réserver les premières tendresses de leur enfant, nous devrions approuver, encourager ces poupées élégantes qui osent entreprendre une tâche à laquelle rien ne les a préparées? Que font-elles passer dans les veines de leur progéniture déjà trop chétive? Un lait sans vigueur, infecté de germes fébriles. Incapables de travail, accablées sous la plus légère fatigue, inégales, nerveuses, irascibles, ou d'une incurable mollesse, comment pourraient-elles transmettre à leur fils la richesse du sang, la solidité des nerfs et des muscles desquelles dérivent si souvent la douceur, l'activité, l'énergie naturelle du caractère ?

Cependant, nul ne s'oppose au dangereux caprice de ces femmes élevées dans une sorte d'inertie physique; on les loue, on les admire au contraire. Et comme on veut à leur nourrisson de belles apparences, on recourt à une nourriture artificielle pour suppléer à l'insuffisance du lait maternel. On emploie toutes les farines et les jus de viande importés d'Angleterre. On *obtient,* — c'est le mot, — des bébés roses et joufflus qui s'étiolent au moindre accident comme une fleur de serre chaude se flétrit au grand air. On a ensuite ces petits êtres nerveux, remuants, perspicaces, sont la précoce intelligence promet merveille, puis s'éteint tout à coup, semblable à ces floraisons trop hâtives, qui périssent au moment de fructifier. Ce n'est pas tout; les passions s'éveillent avant l'heure dans ces natures surexcitées ; leur éclosion rapide nous donne cette race étiolée, blasée, où l'on compte des vieillards de vingt ans!

Il faut envisager le devoir sans illusion, chère Henriette. Sans doute, les premiers sourires de votre enfant vous seraient doux ; mais ce n'est pas à cette joie personnelle que vous devez songer.

Dites-vous plutôt: — Une mère, au tempérament sain et fort, a l'obligation certaine de nourrir elle-même son enfant; mais, celle qui pourrait transmettre au nouveau-né le germe de quelque mal héréditaire, est tenue d'écarter ou du moins d'atténuer le danger, en donnant à son fils une nourrice d'un tempérament plus sain. J'obligerais aussi la femme nerveuse et frêle à se désister de sa chère mission, pour la confier à une nourrice plus forte. L'essentiel est, dans une occasion si grave, de choisir une *âme honnête*, en même temps qu'une santé robuste; car, ne l'oubliez pas, le germe du vice peut s'inoculer avec le lait, comme celui d'un mal physique.

Pardonnez-moi, chère enfant, j'ai l'air de vouloir souffler sur votre enthousiame maternel. Dieu sait pourtant si mes vœux et mes prières manquent de se répandre sur ce doux front qui enchante vos regards; Dieu sait si mon vieux cœur est en sollicitude autour du berceau qui absorbe votre jeune pensée!

DEVOIRS DE LA JEUNE MÈRE

LETTRE XXVII

Madame de C. au Révérend Père de S.

ENSORCELÉE ! — BIENHEUX ACCROC ! — AU MIROIR.
— AUTRE ÉCUEIL. — LE CHER PAPA. — IL S'ES-
QUIVE ! — BONNE D'ENFANTS ! — SURPRISE. —
BATAILLE GAGNÉE. — LE MOT DU VÉRITABLE
AMOUR.

Grâce à vous, cher père, on m'a élevée comme
une paysanne, au grand air ; par le régime sain,
régulier, sobre, par l'exercice et le travail, on m'a
formé une constitution excellente. Je suis donc rigoureusement tenue de nourrir mon fils. Et quelle
douceur dans ce devoir !

Jusqu'ici, je m'en acquitte à merveille, sans ombro de fatigue. Mon nourisson aurait certainement le prix d'honneur, s'il paraissait à Londres au grand concours d es *babys* d'Angleterre. Ses joues roses, ses yeux bleus qui déjà répondent à mon regard, son sourire ineffable m'ont ensorcelée. Je ne pouvais plus me passer de tous ses charmes ; ses cris même étaient pour moi une délicieuse musique. J'étais seule de mon avis, sans m'en douter. Sur cette pente d'aveuglement maternel, j'ai couru le risque d'une terrible culbute.

Il me faut vous confesser cela.

D'abord, cher père, la chaîne magique me retenant sans cesse auprès du berceau enchanté, j'oubliais non-seulement le reste du monde mais le soin de la maison. Je donnais des ordres par manière d'acquit ; je surveillais à peine du coin de l'œil. Les domestiques s'en apercevaient déjà, disposés, comme vous le pensez bien, à profiter de mes négligences. C'était le moindre de mes soucis ! Qu'une sauce fût trop longue ou trop courte, le rôti crû ou brulé, le potage insipide, mon appétit de nourrice corrigeait ces défauts, et mon Charles ne s'en portait que mieux. Puisqu'il paraissait si heureux de vivre, de quoi se plaindre ?

J'en étais là, mon père.

Fort heureusement, comme je passais un matin devant la porte entr'ouverte du salon, ma robe se prit à un clou. Je m'arrêtai pour la décrocher; et entendis ma mère dire à quelqu'un dans le salon, mais d'un ton presque suppliant:

— Il faut lui pardonner cet excès d'amour maternel. Cela se calmera comme une fièvre.

Ce fut la voix de Julien qui répondit.

— Bah! je crains l'engouement chronique. Plus le cher bébé grandira et déploiera de grâces, plus il tournera la tête de sa maman. Ne voyez-vous pas que notre ménagère modèle laisse déjà sa maison aller à la débandade? Rien n'est plus surveillé, rien n'est commandé à temps, rien ne se fait à propos, ni bien. C'est une débâcle.

J'en avais entendu assez. Du même pas j'allai régler mon arriéré de surveillance.

Bienheureux accroc! Sans lui j'amassais dans le cœur de Julien une montagne de petites rancunes, et de dépits concentrés, qui auraient pu, quelque beau jour, déborder sur moi en avalanche et m'anéantir.

La maison reprit son train accoutumé, Julien fut content, ma mère triompha. Souvent, je surprenais entre eux des regards d'intelligence. L'œil joyeux de ma mère semblait dire: — Voyez s'il fallait douter d'elle. Je le savais bien!

Or, un des travers de mon spirituel époux, c'est d'avoir raison quand même, et contre qui que ce

soit. D'ailleurs, il est assez adroit pour y réussir.
Cette fois, malgré sa déférence filiale, qui est parfaite, il céda à son penchant. Après je ne sais quel
succès d'estime obtenu dans mon rôle de ménagère
et constaté par forces œillades expressives de la
part de la belle-mère à son gendre, Julien s'appro-
cha de moi, avec son fin sourire moqueur.

— Ceci n'est pas un reproche, me dit-il, puisque
vous avez le don de rester toujours charmante;
mais, en vérité, notre Charles me paraît un assez
mauvais coiffeur.

En parlant, il me tournait doucement vers une
glace, et augmentait le désordre de ma coiffure
trop négligée.

La leçon m'a servi, cher père, je me suis arrêtée
sur la pente qui m'entraînait à m'absorber tout entière dans mon chérubin rose, et à ne plus conce-
voir pour moi-même d'autres charmes que sa propre beauté. L'observation de Julien m'a rappelé
combien de jeunes femmes jusque là soigneuses de
leur personne, irréprochables de convenance dans
leur mise, se laissent aller, soit à des négligences,
soit à des excentricités de tenue plus ou moins cho-
quantes, dès qu'un cher nourrisson prend leur
temps et leur pensée. Au lieu d'être pour elles un
attrait de plus, une sorte de rayonnement, la maternité semble les vieillir et les déparer tout à coup,

J'allais butter contre cet écueil. Dieu merci, un mot de Julien a suffi pour m'éloigner du péril.

Mais il y en avait un autre.

Depuis qu'il daigne nous sourire et même gazouiller parfois, c'est-à-dire depuis le commencement de l'hiver, *Monsieur Charlot* prenait toutes nos soirées. Nous les passions au coin de son feu, dans sa chambre, jouissant de ses grâces jusqu'à ce qu'il voulût bien s'endormir. Ensuite on causait à demi-voix, de *lui* encore le plus souvent. Le cher papa ne semblait pas le moins charmé de ses longs colloques avec le chérubin rieur. Ils se disaient tous deux les plus gracieuses folies dans un langage intraduisible. J'aurais juré que ces heures intimes procuraient à Julien un plaisir immense, et pour rien au monde, je n'aurais voulu l'en priver.

Quelle illusion !

Monsieur bébé eut le premier tort, il est vrai. Ses dents, qui poussaient, le mirent d'une humeur exécrable. Il jetait pendant des heures entières des cris perçants que tous nos soins ne pouvaient calmer. Tristes soirées, j'en conviens; mais je songeais à la souffrance du cher petit; avec cela, comment ne pas oublier l'univers?

Le premier soir, Julien partagea notre sollicitude; le lendemain, il s'exila dans un coin avec son journal. Le troisième soir, il quitta la chambre et je l'entendis faire de la musique au salon. Le quatrième soir, n'entendant ni flûte ni piano, et monsieur Bébé nous laissant un peu de répit, j'allai voir ce qu'était devenu notre déserteur.

Il était sorti !

Pendant huit jours, il sortit tous les soirs : C'était une habitude prise, c'était, entre nous, un lien rompu !... Comment lui adresser des reproches ? Il paraît si naturel qu'un homme du monde aille au cercle le soir.

Et nos soirées en famille, nos soirées si gaies, si intimes, si douces, je ne les retrouverais jamais, jamais ! Le moyen de se faire à une telle perspective ?

Si j'avais seulement osé supplier Julien de nous accorder la moitié des heures qu'il nous consacrait autrefois ! Mais je craignais d'entendre tomber de ses lèvres quelqu'un de ces blasphèmes qui tuent la tendresse. Par exemple : — Je vous demande pardon, chère amie ; mais, à vous écouter, je deviendrais *bonne d'enfants !*

Encore une fois j'eus la sagesse de me taire et d'employer un procédé qui me réussit mieux. Le dernier soir de la semaine, comme Julien rentrait, il vit une voiture sortir de la cour, et trouva les lustres encore allumés au salon. Aussitôt il passa

12.

dans ma chambre où j'étais occupée à me débarrasser d'assez beaux atours.

— Vous avez eu réception, ce soir? me demanda-t-il d'un air un peu drôle, car il s'efforçait en vain de ne paraître ni surpris ni dépité. —

Réception tout improvisée, lui dis-je avec naturel.

Et je lui nommai ceux de nos amis qui étaient venus passer la soirée.

— Mais vous les attendiez, reprit Julien. Vous étiez parée, il me semble?

— J'ai eu vingt minutes et un petit quart d'heure de grâce pour faire ma toilette, répondis-je. Lisez ce billet?

Julien me regarda dans les yeux ; mais ne trouva rien à répliquer.

— Je mis sous les yeux de Julien une carte où nos amis, réunis chez Mme D. s'annonçaient collectivement.

— Reviendront-ils souvent nos amis? reprit-il après un silence.

— Au moins trois fois par semaine, c'est convenu. Nous ferons de la musique, nous jouerons des proverbes ; on se permettra même quelques sauteries en petit comité ; bref, nous voulons passer gaiement l'hiver.

— J'en suis, dit Julien en riant. Demain...

Je l'interrompis.

— Oh ! demain, sauf votre *veto*, mon seigneur, Mme D. m'attend.

— Vous comptez aller chez Mme D. ? Et Bébé ?

— Bébé sera bien sage. On lui donnera tout ce qu'il souhaite, puis on le confiera à sa berceuse qui l'adore, et à sa bonne maman, dont il est le cher trésor.

Julien me parut très-ému ; il me regarda d'un air pensif, puis m'embrassa et se retira sans rien dire.

Encore une bataille gagnée ! Mais chacune de ces victoires affaiblit ma sécurité intime. Je vois avec effroi quel terrible égoïsme développe la libre-pensée.

Ah ! le mot de *sacrifice*, ce mot du véritable amour, nous est réellement venu du ciel. Ceux qui ne sont pas chrétiens ne le comprennent plus.

Dieu me préserve de récriminer. Mais n'est-il pas vrai, mon père, que si Julien avait la foi, tant de soins et de petits manéges ne me seraient pas nécessaires pour conserver son cœur ?

LA MÈRE INSTITUTRICE

LETTRE XXVIII

Le Révérend Père de S. à Madame de C.

LA TYRANNIE DE BÉBÉ — AUTREFOIS — AUJOUR-
D'HUI — LA VIEILLESSE ET L'ENFANCE — DOUCE
FERMETÉ, FERME DOUCEUR — UN CONSEIL DE MI-
CHELET — LA ROSÉE DES LARMES.

Sans doute, ma chère enfant, l'absence du frein
moral de la foi, en livrant l'homme à ses instincts,
développe l'égoïsme au point de rendre la moindre
gène insupportable. Il n'en est pas moins vrai que
vous aviez tort. Comme la plupart des mères aujour-
d'hui, vous alliez faire de votre petit ange le tyran
de la maison. Sachez gré à Julien de vous avoir
détournée d'un tel travers. Il ne faut imposer à
personne le support de votre enfant, pas même à

son père. Gardez Charlot auprès de vous autant que vous le pourrez ; mais prenez le courage de vous en séparer pour remplir vos autres devoirs de société ou de famille. Rien n'est désagréable pour les étrangers, et même pour les parents, comme ces intérieurs où règne en maître avec ses fantaisies, son babil et ses bruyants caprices, un petit enfant gâté. A table, au salon, à la promenade, on est à la chaîne.

Bébé vous tient sous son joug, bébé vous tyrannise. Il parle, il court, il crie, il boude, il s'amuse, il veut qu'on s'occupe de lui ; on n'a plus une minute à soi. C'est un esclavage insupportable, dont la mère seule ne veut pas comprendre les ennuis.

Autrefois l'enfant soigné et surveillé comme il doit l'être, n'entrait pas avant l'âge de raison dans la vie commune, sous le toit paternel. De nos jours encore, chez les Anglais, les enfants vivent à part dans la *nursery*, appartement réservé et disposé pour eux. Ce régime vaut bien l'excès où nous sommes tombés en forçant nos enfants dès le berceau, *à vivre notre vie*. Nous les tirons de leur élément normal de gaîté, d'insouciance, de curiosité doucement éveillée et progressivement satisfaite, pour les plonger dans notre fiévreuse atmosphère où tout les surexcite. Développant leurs facultés avant l'heure, sans songer que c'est là une façon de les vieillir, nous sommes aveuglément fiers de former « ces petits prodiges qui n'en feront jamais de grands » suivant la juste observation d'un homme d'esprit [1].

Choisissez avec un soin rigoureux les personnes chargées de veiller sur votre fils, de vous remplacer auprès de lui. Qu'elles soient non pas seulement d'une irréprochable moralité, mais d'une sérieuse vertu.

Autant que vous le pourrez, faites-vous seconder par votre mère dans la première éducation de Charles. Quand ils le désirent, et qu'ils sont chrétiens, c'est-à-dire capables de bien remplir une mission aussi délicate, ils faut laisser aux vieillards le soin des petits enfants. Une tendresse jalouse ôte souvent des bras de la grand'mère le berceau sur lequel il serait si doux à cette femme de veiller. Pourtant, la vieillesse et l'enfance vont d'instinct l'une vers l'autre. Elles s'entendent, elles sympatisent, celle-ci avide d'apprendre, celle-là heureuse de raconter et d'enseigner ; l'une vivant d'aspirations, l'autre de souvenirs. Ne les séparez donc pas.

1, Le vicomte Jules de Gères : *Menus propos.*

Je ne sais quelle femme poète parlant des petits enfants et de l'aïeule a écrit ce joli vers :

« Un baiser sur son front peut effacer vingt rides. » Cela est vrai : l'enfance aimante, rajeunit à son contact, la vieillesse qui l'adore.

A mesure que Charlot grandira, habituez-le à demeurer près de vous, sans vous occuper de lui, du moins en apparence, c'est-à-dire, sans qu'il vous dérange de vos occupations. Réglez les heures de récréation et de bruyant exercice ; apprenez-lui, le reste du temps, à s'occuper ou à s'amuser tout seul et sans tapage. Qu'il apprenne à disparaître du salon quand vous recevez. Malgré la bonne éducation, il y a toujours dans la conversation des personnes du monde quelque chose de trop léger ou de trop fort pour l'oreille attentive d'un enfant.

Voilà ma pensée, peu d'accord peut-être avec les systèmes à la mode, mais basée sur une longue expérience.

Pour vous, chère enfant, soyez sous les yeux de votre fils la vivante image de la vertu. Que votre exemple le saisisse, le pénètre de vénération et de respect. Qu'il ne puisse rien imaginer au monde de plus parfait, de plus saint que sa mère. Ainsi gravée dans son âme, votre image sera peut-être un jour sa sauvegarde contre les passions.

Réglez votre conduite envers lui sur cette devise :

douce fermeté, ferme douceur. C'est avec les enfants surtout que l'égalité d'humeur est indispensable.

Michelet, à qui l'on ne saurait refuser de grandes facultés d'observation, blâme sévèrement les mères tour à tour brusques et tendres. Il veut que l'enfant, baigné dans une saine atmosphère de tendresse, ne soit ni rudoyé à tort et à travers, ni caressé à l'excès. Au premier âge, les nerfs sont trop frêles encore pour subir sans danger ces vives commotions.

Bien qu'empruntée à la science positiviste, la leçon a sa réelle valeur. Profitez-en ; puisqu'elle est juste, elle est chrétienne, car toute vérité vient de Dieu.

Je le répète : soyez *égale*, et au besoin patiente. Ne punissez jamais dans l'emportement de l'égoïsme. Charles devra toujours sentir, même dans son châtiment, une loi de raison, et l'impulsion de votre cœur ; mais encore une fois, soyez ferme ; redoutez comme le plus grand des crimes, celui de gâter votre enfant.

« L'enfant gâté c'est le péché originel fleuri, » a-t-on dit dans un petit livre dont vous connaissez l'auteur. La définition est juste. Nos philosophes matérialistes ont beau prétendre le contraire, nous naissons mauvais. Si on lui laisse la liberté de déployer tous ses penchants, notre âme ressemble bientôt à un terrain en friche ; elle ne produit que ronces et chardons.

Elever un enfant, c'est le tailler, le cultiver, l'émonder, c'est-à-dire le *corriger*. Ah ! sans doute, il faut du courage, et vous aurez surtout à lutter contre la faiblesse de votre propre cœur pour le petit être adoré ; mais si vous l'aimez réellement, soyez inflexible envers lui, impitoyable envers vous - même. Sachez souffrir, résignez - vous à pleurer. Heureuses les mères qui ont beaucoup pleuré, beaucoup souffert ; cette rosée des larmes, ce rayonnement de l'amour pénètrent dans l'âme de leur enfant, et deviennent plus tard l'honneur et la bénédiction de leur fécondité .

Courage Henriette !

Ma sœur a dû vous annoncer mon prochain départ pour nos missions de la Chine? Je m'en vais plein de confiance en vous et d'espoir dans l'avenir de Charlot.

Quand je reverrai la France, — si Dieu me destine à la revoir, — d'autres enfants seront sans doute venus augmenter vos joies et vos sollicitudes maternelles. Soyez la même pour tous, et jetez patiemment, jour à jour, dans ces jeunes âmes, la semence des vertus chétiennes que l'éducation doit plus tard faire fructifier.

LA MÈRE INSTITUTRICE

LETTRE XXIX

Madame de C. au Révérend Père de S.

APRÈS CINQ ANS D'ABSENCE — TROIS PETITS IN-
CONNUS — « PARTIR ENSEMBLE. » — LA NOSTALGIE
DU CIEL — LE PETIT DÉMON CHÉRI... ET GATÉ !

Ne pas vous voir quand vous nous revenez
après cinq ans d'absence, c'est dur, mon père ! J'en
ai pleuré.

Puisque vos supérieurs sont impitoyables, et
qu'on ne veut pas me laisser voyager par ce froid
sibérien, je vais vous faire le portrait de mes chéris. Quelle fête je m'étais promise de votre arrivée
auprès de ces trois petits inconnus ! Je voyais
déjà votre regard si perçant et si doux, s'attacher

avec curiosité et tendresse sur ces jeunes fronts pour y chercher le reflet de l'âme. Eux attendaient impatiemment *l'oncle missionnaire au pays des sauvages*, et parlaient de son retour avec des transports de joie. Charles se promettait d'embrasser vos genoux comme il fait à son père ; Marie voulait prendre et baiser votre main ; tous deux ajoutaient qu'il faudrait mettre le petit Louis dans vos bras.

Ils sont charmants, mon père, vous éprouverez un réel bonheur à les grouper autour de vous. Les deux aînés vous adorent, leur petit frère vous aimera.

Charles a cinq ans bien sonnés ; c'est un homme... et le plus joli chérubin rose que vous ayez jamais rencontré. Jusqu'ici il m'a donné du bonheur et de la joie ; de la joie et du bonheur, pas autre chose. Sa santé ne nous a jamais coûté un quart d'heure d'inquiétude. Il a poussé comme une mauvaise petite herbe ; il a mis ses dents, il a marché, il a parlé comme si rien au monde n'était plus facile. Naturellement doux et affectueux, son intelligence précoce paraît surtout ouverte aux idées religieuses. On dirait qu'il porte au fond de l'âme la connaissance latente des vérités chrétiennes, et qu'en l'instruisant, on ne fait qu'approcher l'étincelle de la flamme prête à jaillir en son esprit. Il a saisi l'idée de Dieu, de la Rédemption, de la vie future avec une promptitude et une lucidité surprenantes. S'il fait quelques objections elles sont adorables.

— J'irai au ciel avant toi, lui disais-je un jour.

— Oh ! non ! s'écria-t-il en m'interrompant. Attends-moi, je veux partir ensemble.

Marie ressemble à ma mère. Elle a les traits menus, les yeux et les cheveux châtains. Plus frêle que Charles, elle est aussi moins vive. Il y a une ombre de mélancolie dans son regard... J'ai vu cette expression dans les yeux d'une hirondelle en cage : On dirait la nostalgie du ciel. Si je ne me trompe, cette enfant sera tout cœur. Pauvre mignonne ! Puissé-t-elle n'en pas trop souffrir !

J'arrive au petit démon chéri et gâté de la maison. Oh ! oui, mon père, il est gâté : Froncez le sourcil, vos rigueurs ne m'induiront pas à mentir. Il est gâté, horriblement gâté par sa bonne, par la petite sœur et le grand frère, par son papa, par sa bonne maman, même par sa mère qui en rougit et vous le confesse. Mais il n'a pas encore six mois, il est si dodu, si frais, il a une façon de crier tellement déterminée et sans vergogne, qu'on lui cède avec empressement pour éviter des pugilats scandaleux, car il faut déjà compter avec sa poigne et ses griffes.

Bref, cher père, mon troisième nourrisson est le plus robuste et le plus tapageux. Cette exubérance de force et de santé semble lui valoir une certaine prédilection de la part de son père. Cela mérite d'être observé, mais, grâce à Dieu, n'offre encore aucun symptôme d'aveuglement funeste. Le cher papa espère comme nous dompter en temps opportun ce petit sauvage à la lisière. Pour le moment ses airs terribles nous amusent tous. La tranquille ironie provoquée par ses colères sera peut-être un bon moyen de les apaiser dès qu'il pourra se rendre compte de l'impression produite autour de lui.

Donnez-moi vos conseils, mon père. Charles a cinq ans, Marie a trois ans. Il est déja temps de les *élever*.

LA MÈRE INSTITUTRICE

LETTRE XXX

Le Révérend Père de S. à Madame de C.

SECONDE MATERNITÉ. — L'ŒUVRE DU CŒUR. — BUT
DE L'ÉDUCATION. — RÈGLE A SUIVRE. — LE STA-
TUAIRE. — LA PETITE ÉGLISE. — L'ÉVÊQUE. —
LE MOT D'UN SCÉLÉRAT. — LA PENSÉE DE L'ÉGLISE
ET DES SAINTS. — SONNET D'UN FÉLIBRE.

Vous réclamez de nouveau mes conseils, chère
Henriette? Eh! bien, rappelez-vous ce que dit
l'Eglise de sainte Monique : — « Elle fut deux fois
mère de saint Augustin : Mère selon la nature,
mère selon la grâce. » A vous, mon enfant, de mériter aussi cet éloge. Il faut donner à vos bien-
aimés cette seconde vie sans laquelle celle qu'ils
vous doivent déjà ne serait qu'un don funeste,

Voilà votre mission. Mission vraiment divine où une âme engendre, éclaire, développe une autre âme. Douce maternité qui exige plus de soins, plus de sacrifices, plus de tendresses que la première, mais dont les liens sont aussi plus intimes et plus forts que les liens du sang.

Quel père, quelle mère dans l'ordre de la nature pourrait dire avec plus de vérité que saint Jean Chrysostome : — « Si mon cœur s'entr'ouvrait, vous « verriez que mon peuple s'y trouve tout entier « dans l'ampleur et la tendresse de la charité. J'ai « une famille et j'en suis aimé. C'est tout le bon- « heur de ma vie. » Vous avez là, ma fille, le secret de l'éducation chrétienne. Cette éducation est avant tout une œuvre du cœur ; d'un cœur qui conçoit par amour, qui porte avec tendresse et nourrit de sa propre substance un autre cœur. Saint Paul écrivait aux Philippiens : — « Mes chers « petits enfants, vous pour qui je souffre les dou- « leurs de l'enfantement jusqu'à ce que le Christ soit « formé en vous. » L'éducation n'a pas d'autre but, en effet, que de rétablir l'image de Dieu dans l'homme déchu.

Vous connaissez déjà la règle à suivre : — *Douceur* et *fermeté*.

La douceur dans le commandement rend presque toujours la soumission prompte et l'obéissance joyeuse. Et pourquoi ne pas alléger le poids du devoir à ceux qu'on aime ?

« Tout éducateur chrétien, au rapport de saint Grégoire le Grand, doit être mère par la tendresse. »

Saint Bernard disait à son fils spirituel devenu le pape Eugène III : « Vous êtes mère et non pas « maître. C'est pourquoi nos cœurs doivent se « remplir de lait. »

Le doux saint François de Sales ajoute : « Il « faut aimer ceux qu'on est appelé à conduire, d'un « amour cordial, maternel, nourricier. »

L'affection dilate le cœur, l'ouvre à toutes les impressions qu'on veut lui donner. La sécheresse le resserre, la rudesse l'aigrit.

Voyez une famille aimante. Quel délicieux spectacle ! Là, point de contrainte, et cependant le respect ; point de gêne, et cependant la convenance. En étude, l'affection rend tout facile ; en récréation, elle anime les jeux ; en prière, elle unit les aspirations ! Partout c'est la joie, l'expansion, l'épanouissement ; en un mot la vie, et la vie la plus heureuse.

Mais à cette vie du cœur ne se mêle aucune molle condescendance. La fermeté et la douceur s'y combinent dans l'harmonie du vrai. C'était la pensée de saint Grégoire le Grand.

« Il faut, disait-il, que celui qui commande soit
» non-seulement *mère* par la tendresse, mais *père*
» par la fermeté de la discipline. Il doit veiller
» avec le plus grand soin à ce que la fermeté ne
» soit pas trop sévère, à ce que la tendresse ne soit
» pas trop indulgente. »

Maxime admirable qui indique à la fois le rôle
de la raison et celui du cœur dans l'éducation.

Mais, me direz-vous, jusqu'où doit aller la douceur ? où doit commencer la fermeté ?

Oh ! mon enfant, rien de plus facile à comprendre.
Demandez-vous quel est le but de l'éducation : faire
aimer le bien ; extirper le mal. Votre règle de conduite est là. Soyez douce et tendre pour vos
enfants quand ils se montrent bons, ou même quand
vous les voyez dans une disposition neutre, indécise.
Attirez-les vers le bien par toutes les séductions de
votre amour ; mais si le mal se produit en eux,
employez aussitôt la fermeté. Observez-les sans
cesse, et dès qu'un acte ou une parole trahira quelque sentiment répréhensible, hâtez-vous de blâmer
et, s'il le faut, de châtier. Que votre sévérité soit
toujours proportionnée à la faute. Il n'est pas bon
de laisser passer sans reproche amical même les
fautes involontaires ; mais il serait absurde de les
punir. Soyez au contraire inexorable contre les
fautes volontaires et réfléchies.

13

On l'a dit souvent : L'enfant est un bloc de marbre plus ou moins informe, apporté chez le statuaire. Il faut le marteau qui frappe à grands coups pour préparer les premiers linéaments de la statue; puis vient le tour du ciseau, qui fait disparaître les aspérités, arrondit les angles, creuse des sillons pour les ombres et la lumière, use et polit tout ce qui nuisait à l'harmonie des contours.

Saint Augustin regardait la famille comme une petite Église, dont le père était l'évêque. Mais trop souvent cet évêque oublie sa mission. La mère doit y suppléer, et trouver la force de manier le marteau à l'heure opportune.

Si Julien se déchargeait sur vous de ce soin pénible, vous n'oublierez pas David se réjouissant de voir, dans les mains de Dieu, une verge et un bâton, parce qu'il savait que Dieu ne pouvait se tromper de main, frapper avec le bâton et soutenir avec la verge.

Si vous frappez avec le bâton, vous brisez ; si vous soutenez avec la verge, la verge se brise et blesse la main qui s'en sert.

J'ai vu des pères, sévères toujours, irriter leurs enfants sans les faire plier sous le joug de l'autorité, contre laquelle ils se révoltaient sans cesse.

J'ai vu des mères trop douces et trop faibles,

former des natures molles et flasques, impropres au bien et au mal.

Si la sévérité vous coûte, songez que vos enfants la béniront un jour. L'âge et l'expérience leur feront comprendre cette parole de Dieu même : « Je frapperai et je guérirai. » Et celle de saint Paul aux Corinthiens : — « Je me réjouis, non pas « de vous avoir fait de la peine, mais de ce que « cette peine vous a amenés à vous corriger ».

Vous rappelez-vous, chère enfant, l'histoire de ce bandit fameux qui au moment de subir sa condamnation, aperçut au milieu de la foule une femme éplorée ? C'était sa mère. Il la pria d'approcher comme pour lui donner le suprême adieu. Dès qu'elle fut près de lui, il saisit son oreille, et l'arracha en disant :

— « Misérable ! si tu m'avais bien élevé, je garderais ma tête, et toi ton oreille. Va-t'en !

Cet épisode affreux se reproduit trop souvent au au cours de la vie, avec des circonstances moins horribles, dans le cœur des enfants, perdus par les suites d'une mauvaise éducation.

Soyez donc tout entière à votre tâche, Henriette. Pour vous y encourager, apprenez de quelle manière l'ont jugée les esprits les plus éminents.

« Je ne connais, dit le fameux Alvarez, d'em« ploi plus fructueux que celui de bien élever les

» enfants. Si vous savez vous en acquitter vous
» gagnerez plus d'âmes à Jésus-Christ que les pré-
» dicateurs les plus éminents. »

Le saint évêque de Belley ajoute :

« C'est un emploi que Notre-Seigneur Jésus-
» Christ a divinisé en quelque sorte par l'amour
» qu'il témoignait pour les petits enfants. »

Et Gerson. — « J'ai beau examiner, je ne trouve
» rien de plus élevé que d'arracher les enfants à la
» perversité dont l'ennemi du genre humain cherche
» à infecter les cœurs dès l'âge le plus tendre, et
» de planter dans le beau jardin de l'Eglise ces
» petits rejetons qui faisaient les délices de Jésus-
» Christ.

» Sauver une âme d'enfant, dit saint Denys, c'est
» une plus grande merveille que la création du
» monde. Celle-ci n'a coûté à Dieu qu'une parole,
» tandis que le salut d'une âme vaut ce qu'il a coûté :
» le sang de Jésus-Christ. »

La mère institutrice peut dire en ce sens avec
l'apôtre saint Pierre : « Je suis l'aide de Dieu, la
» co-rédemptrice de mon enfant. »

C'est là une gloire, mais c'est aussi un mérite.

Saint Grégoire ne connaît pas de sacrifice ni
d'action plus agréable à Dieu que le zèle mis au
service des âmes. Saint Bernard et saint Thomas
en trouvent la raison dans la considération du prix

des âmes, des biens spirituels dont on leur assure la possession, et des malheurs dont on les préserve : « Cherchez, dit saint Jean Chrysostome, vous ne « trouverez rien sous le soleil de comparable à la « beauté d'une âme et à son prix. »

D'où il suit, Henriette, que toutes les richesses, laissées à votre enfant, fussent-elles immenses, seraient un bien incomparablement moindre que de donner cette âme à Dieu. Empêcher votre enfant de se damner, c'est empêcher, en un sens, plus de mal que ne pourraient jamais en faire tous les hommes, attendu qu'il n'y a pas de comparaison entre les péchés commis en ce monde, et les blasphèmes que cette âme réprouvée vomirait contre Dieu et contre vous durant l'éternité.

Voulez-vous savoir, chère fille, comment témoigner à Dieu le plus d'amour possible? Entendez Notre-Seigneur répondre aux ardentes protestations de saint Pierre, ces seules paroles : « Pais mes « brebis. »

Saint Grégoire vous dira « que toutes les austérités de la pénitence ont moins de mérite que vos sollicitudes pour l'âme de vos enfants. »

« Ecoutez sainte Thérèse « porter plus d'envie « aux maîtres spirituels qu'aux martyrs. »

Considérez aussi, mon enfant, ce qu'il y a d'honorable dans vos fonctions d'institutrice.

12.

L'Homme-Dieu voulut être le premier instituteur de la céleste doctrine, et il donna pour mission à ses apôtres *d'enseigner*. A leur exemple, les plus grands saints ont voulu instruire les ignorants, former la jeunesse. Faut-il vous citer saint Cyrille de Jérusalem, saint Grégoire de Nysse, saint Ambroise, saint Augustin?

Saint Jérôme, ambitionnant l'honneur de catéchiser l'enfant de la veuve Létha, écrivait : « En-« voyez-la moi; dans mes vieux ans, je balbutierai « avec elle, et j'y aurai plus de gloire que le philo-« sophe qui forma Alexandre. Lui, n'a élevé qu'un « roi, et je formerai un ange. »

Même quand il fut pape, saint Grégoire le Grand faisait le catéchisme. Sur la fin de sa vie, infirme et accablé d'affaires, il réunissait les enfants dans sa chambre pour leur donner les premières notions de la foi.

Saint François de Sales faisait crier dans les rues : « A la doctrine, petits enfants, à la doctrine ! « On vous y enseignera le chemin du Paradis. »

« C'était, dit un témoin oculaire, un contente-« ment non pareil d'ouïr combien familièrement il « exposait les principes de notre foi. Il regardait « tout son petit monde, et tout son petit monde le « regardait. Il se faisait enfant avec eux pour for-« mer en eux Jésus-Christ. »

« J'approuve fort que vous soyez maîtresse d'é-
« cole, écrivait le saint évêque à sainte Jeanne de
« Chantal. Dieu vous en saura gré! Les anges des
« petits enfants aiment d'un amour particulier ceux
« qui les élèvent dans la crainte de Dieu. »

Saint Ignace était aussi zélé catéchiste. — « Mais,
« lui disait-on, les enfants ne viendront pas vous
« entendre. — Si j'en ai un, répondait-il, je serai
« bien dédommagé de ma peine. »

Son disciple, saint François de Borgia, vice-roi
de Catalogne, parcourait les campagnes, une clo-
chette à la main, pour rassembler les enfants et
leur faire le catéchisme.

Saint Vincent de Paul écrivait à l'un de ses fils
spirituels : « Faire le catéchisme, c'est honorer la
« manière que Notre-Seigneur a tenue pour con-
« vertir le monde. Il a plu à Dieu de donner de
» grandes bénédictions à cette pratique. »

Le cardinal Bellarmin, archevêque de Capoue,
ayant rencontré un vieillard centenaire qui n'avait
jamais su le symbole des apôtres : « — Comment,
« s'écria-t-il, dans l'espace d'un siècle, il ne s'est
pas trouvé à Capoue une âme qui prit en pitié ce
« pauvre ignorant ! »

Et, depuis ce jour, le cardinal allait de paroisse
en paroisse, instruire les enfants des vérités chrétiennes.

L'enthousiasme des écoles décernait autrefois aux grands érudits des titres qui sentaient l'emphase.

Scot fut nommé le *docteur subtil*, Estius le docteur le *plus solide*, Durand le *très-résolutif*, Alexandre de Galès la *fontaine de vie*.

Savez-vous, Henriette, de quel titre se contenta, ou plutôt se fit gloire le célèbre Gerson, l'homme qui venait d'être l'âme du concile de Constance? Frappé de l'exemple de Jésus-Christ, il abandonna les fonctions les plus élevées pour mériter le titre modeste, mais incomparable à ses yeux, de *catéchiste des enfants*.

Voilà, ma chère fille, de bien grands noms et d'illustres exemples. Ajoutons cette parole de l'Évangile : « Ceux qui instruisent les autres brilleront comme des étoiles dans le firmament. »

Dieu lui-même vous a donc promis une haute récompense dans le ciel. Vous l'aurez aussi sur la terre. Je n'imagine pas pour une femme de bonheur préférable à celui de voir ses enfants bons et heureux par la vertu. Vous jouirez délicieusement des belles qualités que vous aurez formées ou développées dans vos fils. Au point de vue moral surtout, on peut dire de l'enfant qu'il est *l'œuvre de sa mère*. Je trouve cette pensée exprimée avec beaucoup de grâce et de délicatesse dans le sonnet qu'un poète provençal, un *félibre*, comme ils disent, M. A. de Gagnaud, adressait à la mère de Frédéric Mistral, à l'occasion du mariage de l'illustre auteur de *Mireille*. Je ne commets pas d'indiscrétion en vous citant cette poésie, puisque je l'emprunte à une feuille publique.

A MADONO ADÉLAIS MISTRAL

Tout félibre coumo un fiéu t'amo
O maire qu'as Mistrau per fiéu,
Qu'en pastant de longo soun amo
As acaba l'obro de Diéu.

Toun cor es lou brus d'ount eissamo
Lou vòu de si cant agradiéu ;
Siès tu l'apécoun ou la ramo ;
Si floun e mai si fru soun tiéou.

Sa Mirèio es ben ta feleno ;
I pantai de ti niue sereno,
Quant de cop vengué t'embrassa !
E ben ! uno passade encaro,

Et ta visioun prendra no caro,
Meirino, e la pourras bressa,

Tout félibre comme un fils t'aime,
O mère qui as Mistral pour fils,
Car en pétrissant de longue main son âme,
Tu as achevé l'œuvre de Dieu.

Ton cœur est la ruche d'où essaime
Le vol de ses chants gracieux.
Tu es le trone, lui le rameau :
Ses fleurs et ses fruits sont les tiens.

Sa Mireille est bien ta fille :
Dans les rêves de tes nuits sereines,
Combien de fois vint-elle t'embrasser ?
Eh bien ! un peu de temps encore,

Et ta vision prendra chair,
Grand' mère, et tu pourras la bercer.

Je vous laisse, mon enfant, sous l'impression de
ce petit chef-d'œuvre.

LETTRE XXXI

Madame de C. au Révérend Père de S.

ÉVÊQUE SCHISMATIQUE. LE SYMBOLE DE L'HONNEUR.
— HYGIÈNE. — LA PRIÈRE. — PETITE MÈRE
PLEURE. — CETTE AME NOUS ÉCHAPPE !

Pardonnez-moi, mon père ; malgré le sérieux de
ces questions, j'ai ri à la pensée d'être *évêque*. Il
faudra pourtant que je le sois dans ma petite famille. Julien, hélas ! ne serait même pas un évêque
schismatique ; il n'y a plus seulement des doutes
dans sa pensée, des dissidences dans ses opinions ;
il s'achemine, j'en ai peur, vers la négation maté-
rialiste.

Ah ! vous me l'aviez bien prédit !

Jusqu'ici, du moins, je suis parfaitement libre de
cultiver à mon gré l'âme de mes chers petits. Julien
ne s'occupe nullement d'eux à ce point de vue. Il

s'est réservé, dit-il, l'éducation extérieure et le *symbole de l'honneur.* — «Tout le reste, je vous l'abandonne.» Puis il ajoute avec son sourire de sceptique : «Et je vous souhaite bon succès.»

Il pense évidemment que je me donne peine perdue, et qu'un jour le monde aura vite fait d'anéantir mon œuvre. Double raison pour mettre à cette œuvre tout mon zèle et toutes les conditions de solidité.

Julien a voulu régler les questions d'hygiène, et il l'a fait en maître. Mes enfants suivent un régime régulier, sain et sobre. Levés et couchés chaque jour à la même heure, on ne les gorge pas de viande, ni de farines sucrées, suivant la mode actuelle.

Nous les nourrissons principalement de lait, de fruits, de légumes et de végétaux. Ils ne connaissent pas les friandises. A quoi bon? Les jeux au grand air leur aiguisent si vivement l'appétit!

Julien est tout fier de son succès; mais je peux aussi me réjouir du mien. L'âme de mon Charles est plus limpide encore que ses yeux bleus, plus douce que son sourire, plus blanche que son front pur. Il est né pieux, je serais disposée à le croire, tant son petit cœur s'ouvre docilement à l'amour divin. Déjà il sait prier. Son père se plaisait d'abord à le voir, le soir et le matin, agenouillé demi-nu sur mes genoux, les mains jointes, plongeant son regard dans le mien, et redisant avec mon propre accent les simples prières qui montaient de mon cœur à mes lèvres. Depuis que Marie sait parler, nous faisons la prière en commun. Cette prière est très-courte et précédée d'une brève exhortation pour fixer sur cet acte important l'attention de me deux chéris. Julien, dans les premiers temps, s'agenouillait avec nous. J'espérais merveille de cette condescendance.

— Qu'importe, me disais-je l'aveuglement de son esprit. Puisqu'il [est là, incliné, tête nue, c'est que Dieu l'appelle par la voix de nos anges. Un beau jour, sans qu'ils'en doute, la prière de son fils ou de sa fille ouvrira son cœur à la grâce. Il se sentira attendri, pénétré. Dieu aura vaincu.

Hélas! mon père, hélas! Un soir Julien s'esquiva au moment de la prière. J'espérai mieux pour le lendemain. Julien s'échappa encore. Le troisième soir, comme il se levait pour sortir, un affreux serrement de cœur me saisit; tout l'effort de ma volonté ne put raffermir ma voix tandis que je prononçais les paroles du signe de la Rédemption. Charles me regarda, puis s'élança vers son père.

— Petit père, viens, dit-il; petite mère pleure parce que tu t'en vas.

Quoique touché, Julien hésitait : céder à ce moment, c'était presque s'engager pour toujours. Il voulait rester libre. Pendant qu'il embrassait Charles, j'aperçus dans la ligne fière de ses sourcils, un mouvement que je connais trop bien.

— Charles, dis-je aussitôt, il ne faut pas importuner ton père. Viens, mon enfant.

Julien l'enleva dans ses bras en souriant, et vint l'agenouiller près de moi.

— A genoux, Monsieur bébé, dit-il sur un ton de railleuse tendresse. Priez bien le bon Dieu de vous rendre sage, afin que petite mère soit heureuse.

Et là-dessus, il partit allégé.

Cette âme nous échappe, mon père; ah! si elle allait plus tard entraîner aux abîmes l'âme de mes fils!

LETTRE XXXII

Le Révérend Père de C. à Madame de S.

LES ATHÉES DE QUINZE ANS. — PATERNITÉS INFIDÈLES: LA FAMILLE, L'ÉCOLE, LA PATRIE. — LA VIE EXTÉRIEURE, LA VIE SOCIALE, LA VIE PUBLIQUE. — LA MÈRE CHRÉTIENNE. — SAUVEGARDE DES MŒURS. — TRADITION RELIGIEUSE DE LA FAMILLE. — LA VOIX D'UN ANGE. — UN TEXTE DE VOLTAIRE. — D'ALEMBERT CATÉCHISTE. — OPINION D'UN PHILOSOPHE. — PIÉTÉ DE COMBAT: ÉCLAIRÉE, COURAGEUSE, CONCILIATRICE.

Le cri d'alarme que l'amour maternel vous arracha aujourd'hui Henriette, je l'ai poussé quand il en était encore temps. La Providence a permis qu'il ne fût pas entendu. Ce n'est plus l'heure de regarder en arrière. Ce qui vous effraie, d'ailleurs, est justement le motif qui doit vous inspirer persévérance et courage.

Pour affermir votre résolution, sortez du point de vue personnel, jetez un regard sur la manière dont l'Europe, et la France en particulier élève nos jeunes générations. Vous constaterez d'abord un phénomène qui n'a ni assez étonné ni assez effrayé le monde. C'est qu'il existe des milliers de philosophes imberbes qui, à vingt ans, n'ont plus de foi. L'un d'eux, interrogé par sa mère en larmes, lui fit cette réponse (historique) : « Je ne crois plus à rien ! »

Dans les siècles précédents, on pouvait perdre la vertu, mais on gardait la foi. Il y avait dans l'âme un reste d'amour, qu'un souffle pouvait rallumer ; la religion était la digue, l'ancre. A présent, il n'y a plus de regard vers le Ciel, plus de Dieu, à quinze ans !

Comment expliquer cet état de choses? Est-ce par l'influence des passions à cet âge ! Mais autrefois les passions étaient les mêmes, et ce phénomène n'existait pas.

Ah ! c'est qu'autrefois, je ne sais combien de paternités augustes veillaient sur l'adolescent qui allait devenir un homme; aujourd'hui, loin de le protéger, de le sauver dans cette crise, la paternité l'écrase.

La première de ces paternités infidèles se trouve, hélas ! trop souvent dans la famille... Vous le sentez avec douleur, mon enfant, je n'insiste pas. Dieu vous garde d'entendre vos fils vous dire un jour : « Je ne veux plus prier, je veux imiter mon père », ou bien encore : « Quand donc aurai-je vingt ans ? Je ferai comme mon père, je n'irai plus me confesser ».

L'école est la seconde paternité du jeune homme. A part d'honorables exceptions, vous savez comme on traite les jeunes intelligences dans nos institutions publiques. On les abreuve de sophismes, on les nourrit des théories empoisonnées du doute et de la négation. Le jeune homme en sort comme un homme ivre ; on a ouvert toutes grandes les issues de son âme pour y laisser pénétrer le mal et en chasser Dieu.

La patrie elle-même manque au jeune homme, car au lieu de frapper de verges les sophistes qui sèment l'incrédulité dans leurs livres, elle les applaudit et les comble d'honneurs.

La vie extérieure multiplie les écueils sous les pas du jeune homme. Il les rencontre sur les boulevards, dans les cafés, dans les journaux, dans les livres, dans les théâtres, parfois si odieusement obscènes que le parterre, bien peu délicat pourtant, s'écrie : « Assez ! assez ! »

Dans la vie sociale, le jeune homme voit l'honneur méprisé, l'or divinisé ; la lâcheté est mode et la vertu bêtise. Dans la vie publique, il n'y a plus ni foi ni loi.. je me trompe, il reste la loi du plus fort.

Les causes infâmes sont encensées, les causes augustes trahies. Les rapports internationaux se sont-ils améliorés depuis l'époque où Roger-Collard disait : « L'Europe ouvre une école d'immoralité qui perdra le monde ; l'épreuve est trop forte, l'humanité y succombera. »

Comment résister, en effet, si faible d'esprit, de cœur et de conscience ?

Et qui donc arrêtera les générations nouvelles sur cette vertigineuse pente de l'erreur qui enivre, et des passions qui tuent ?

Le prêtre ? mais on le fuit. Les bons livres ? On ne les lit pas. Le père ? mais neuf fois sur dix, c'est le père qui écrase l'enfant.

Henriette, votre cœur a déjà répondu à ma question.

Je feuilletais tout à l'heure la Bible illustrée de Gustave Doré ; j'y trouvais la pensée qui nous occupe, vivement rendue en quelques tableaux saisissants. Voici le déluge : les eaux montent lentes, irrésistibles ; tout s'engloutit. Mais sur ce rocher m'apparaît une femme meurtrie, brisée, usant ses dernières forces à soutenir un enfant au-dessus des flots.

C'est une mère !

Plus loin, Moïse est ballotté dans son berceau par les vagues du Nil. Sa mère le suit des yeux; elle pleure, elle prie et le sauve !

Une troisième scène m'arrête. Elle est d'une expression plus haute. C'est ici vraiment le ministère de la maternité.

Sur ce sommet lugubre qu'enveloppe un ciel blafard, trois jeunes hommes sont cloués au gibet. Les corbeaux viennent rôder autour de cette proie. Une femme debout, une verge à la main, chasse les oiseaux, et préserve les reliques sacrées. C'est encore une mère !

Mon enfant, voilà l'histoire du monde, et principalement celle du monde actuel.

Tout l'espoir de l'avenir repose dans le cœur et le dévouement de la mère chrétienne.

Oui, j'en ai l'intime conviction, et c'est aussi l'espérance de tout homme clairvoyant et soucieux des intérêts contemporains; l'amour maternel, retrempé dans les inspirations de la foi, peut sauver notre société qui sombre.

Élevez donc vos enfants dans la piété, chère Henriette. Je vous ai fait tout d'abord cette recommandation, et je l'entoure des considérations que la foi, la raison et l'expérience fournissent à l'appui, parce qu'elle est la plus importante, celle dont la nécessité se fera toujours sentir. La manière de diriger vos enfants, de cultiver leur esprit, devra nécessairement varier d'année en année; mais la piété est de tous les âges. Ce que je vous en dis aujourd'hui, je vous le redirai de même dans dix ans.

La piété est l'unique sauvegarde des mœurs, le seul frein capable d'enchaîner les passions.

Qu'est-ce que la vie des enfants dont le premier âge n'a pas été incliné à la vertu? Une année sans printemps, dont l'été n'a rien à mûrir et dont l'automne sera stérile. Donnez-moi l'enfant le plus heureusement doué, s'il n'a pas été formé à la piété, il perdra de bonne heure la sensibilité, la modestie, la bonté, l'amour des parents. Comme un arbuste qui n'a été ni taillé ni écussonné, il trompera toutes les espérances et ne produira que des fruits amers.

Au contraire, élevé dans la piété, cet enfant pourra s'égarer plus tard; mais vienne la douleur, vienne le mécompte, le souvenir des joies de la conscience pure, la pensée de sa mère ou toute autre circonstance heureuse, aidée de la grâce de Dieu, le ramèneront au droit chemin.

Dites-vous aussi, Henriette, qu'en rendant vos enfants pieux, vous semez dans leur âme le germe des vertus pour les générations futures ; car cette tradition religieuse se transmettra au cours des âges, du père au fils, et de la mère à la fille.

Et d'ailleurs, mon enfant, quel moyen plus efficace pour agir sur le cœur de Julien? Laissez grandir Marie, et qu'elle soit pieuse... Vous la verrez triompher de l'indifférence et de l'incrédulité de son père, mieux qu'un habile prédicateur. Qui donc peut résister à la voix d'un ange?

Les ennemis les plus acharnés de la religion ont proclamé hautement cette nécessité et ce charme puissant de la piété dans l'enfance.

Voltaire « conjurait chaque père de famille de préparer une postérité qui connût les leçons de l'Évangile, de peser ces leçons (textuel), et de les graver dans la tête de ses enfants. »

D'Alembert répondait avec vivacité à un professeur : « Eh! sans doute, il faut préparer de bonne heure cet enfant à la première communion, car sans la religion, tous ces jeunes gens envoient bientôt la religion à tous les diables. »

Diderot faisait lui-même assidûment le catéchisme à ses filles. Surpris un jour dans cette occupation par M. de Beauzée, il crut devoir s'en excuser un peu : « Eh! dit-il, où voulez-vous que je trouve quelque chose de meilleur? Est-il, au fond, puisque nous sommes obligés d'en convenir, une morale qui vaille celle-là, et qui porte sur de plus puissants motifs?

Le même philosophe a écrit (tom. I de ses œuvres,

pag. 51, édit. de 1773) : « Entre nos connaissances
« essentielles, la religion est celle par laquelle nous
« devons commencer, continuer et finir, parce que
« nous sommes de Dieu, par lui et pour lui. »

« La première leçon sera toujours de la religion
« et ce sera la leçon de tous les jours. Est-il con-
« venable que jusqu'à présent on n'ait pas senti
« que cela devait être! N'est-il pas scandaleux que
« des jeunes gens parlent si hardiment de la religion dans le monde, et en soient si peu instruits?
(Id., pag. 77.)

« Ayez un bon et solide catéchisme. » (Pag. 124.)

Qu'est-ce que ton maître t'a enseigné? demandait
un philosophe à un jeune homme.

— La grammaire, répondit celui-ci.

— Quoi encore?

— Les mathémathiques.

— Et ensuite?

— L'histoire.

— Et les devoirs envers Dieu ?

— Non, il ne m'en a pas parlé.

— Eh bien! reprit le philosophe, il t'a traité
comme une brute. Il sera coupable devant Dieu
de tout le mal que tu feras dans ta vie.

Après de semblables témoignages, que faut-il
penser des faibles esprits qui redoutent d'inspirer
« trop de dévotion » aux enfants?

De telles sottises ne vous influenceront jamais, je le sais.

Mais, me direz-vous, quels sont les *caractères* de la piété qu'il faut inculquer à mes fils?

La piété n'est pas seulement la pratique de la religion, elle est plus que cela ; elle en est l'esprit vivant, ce reflet mystérieux qui rayonne sur l'être tout entier, s'empare de l'enfant et lui imprime le sceau divin.

Quoique toujours la même, en principe, la piété peut varier dans ses qualités extérieures, suivant la mission particulière de chacun dans la vie. La piété d'un élève du sanctuaire n'aura pas évidemment le caractère de celle du jeune homme destiné à vivre au milieu des orages, des affaires et des idées du monde. Il faut donner à celui-ci des vertus en rapport avec ses devoirs, prémunir son esprit contre les faux systèmes de l'erreur, son âme contre les attraits du vice, l'entraînement des plaisirs.

Il faut que sa piété soit une *piété de combat.*

C'est maintenant, chère Henriette, que vous apprécierez l'utilité d'une instruction sérieuse chez la mère de famille ; car la piété de vos fils devra être *éclairée,* c'est-à-dire raisonnable et *raisonnée,* afin qu'elle puisse jeter des racines profondes dans leur intelligence et dans leur cœur. Il faut qu'un jour, mûris par la réflexion, ils ne trouvent dans leur piété rien qui ne soit digne de Dieu et de l'homme.

Présentez-leur à l'avance toutes les objections que l'incrédulité opposera à leur foi, et qu'ils sachent y répondre.

La piété, c'est la science vraie, c'est la lumière, c'est la vérité vivante unie à la charité qui la féconde. La piété peut et doit traverser, la tête haute, la confusion d'idées de notre temps et le conflit des opinions de toute sorte; elle a sur les lèvres une réponse à toutes les interrogations, et dans le cœur l'amour des hommes.

Donnez à vos fils, par l'étude approfondie de la religion, cette piété solide et convaincue que rien n'ébranle. Quand ils feront leur entrée dans le monde, je veux que vous puissiez leur dire : « Allez, vous êtes prêts à rendre compte à tous de votre foi comme de vos espérances. »

Rendez aussi leur piété *courageuse*. Faites-leur comprendre ce qu'il y a d'odieux et de lâche à détourner la tête de Jésus-Christ, et à dire : « Je ne connais pas cet homme. » Qu'ils méprisent le respect humain, cette petitesse des esprits médiocres et des âmes déloyales. Mais ayez soin de les prémunir contre l'humeur agressive; leur piété doit être *conciliatrice*. Qu'ils le sachent bien ; pour corriger l'homme, il faut l'aimer. L'âme la plus éloignée du bien et du vrai possède encore des débris de vérité et de noblesse, Dieu a fait l'homme guérissable, comme les nations. Pour guérir l'homme moralement malade, la mansuétude et l'amour sont encore les moyens les plus efficaces : on n'arrive à l'esprit que par le cœur.

J'ai en horreur la piété acerbe et le prosélytisme à coups de sarcasmes. Comment ramener ceux dont on révolte l'amour-propre? L'amour-propre qui meurt un quart d'heure après nous, et ne pardonne jamais.

Rappelez à vos enfants la douceur de Jésus-Christ. Jean demande un jour au divin Maître d'appeler le feu du ciel sur les habitants de Samarie qui venaient de le chasser. Notre-Seigneur lui répondit sévèrement : « Vous ne savez quel esprit vous anime ! »

La colère, en effet, n'est pas bonne pour soutenir la vérité ni la justice.

Quand vos fils auront à combattre dans la société l'erreur ou le mal, ils se rappelleront que la charité s'afflige mais ne s'emporte pas au spectacle du vice, et qu'en polémique, un argument lumineux n'a jamais besoin d'être arrosé de fiel.

UN ORAGE DANS LE DÉPARTEMENT DE L'INTÉRIEUR

LETTRE XXXIII

Le Révérend Père de C. à Madame de S.

À LA CAMPAGNE — BUCOLISME. — GENTILSHOMMES ET GENTILLATRES. — APRÈS HUIT JOURS D'ENNUI. — PROGRAMME. — RÉSERVE ESSENTIELLE. — PETITE GUERRE. — CORRESPONDANCE. — UN PORTRAIT.

Combien j'ai souffert de votre absence pendant les six mois qui viennent de s'écouler, mon père ! J'aurais eu tant besoin de vous dire ce que je souffrais ! Hélas je souffre encore !... L'épreuve commence à peine, peut-être, et comment prévoir quelles proportions elle prendra ?

Voyez vous-même si j'ai tort de craindre.

Julien, vous le savez, m'a proposé de nous fixer à la campagne pendant les années consacrées à l'éducation de nos enfants. Nous serions là, disait-il, entièrement libres de nous occuper de ces petits bien-aimés qui se trouveraient aussi dans une atmosphère plus saine, plus favorable à leur développement physique et moral. J'acceptai cette offre avec joie. Dieu sait jusqu'à quel point je la souhaitais ; mais j'avais eu le courage de ne pas manifester ce désir, tant je craignais de contrarier les goûts de mon mari. Et je le voyais aller de lui-même au-devant de mes vœux ! Il avait pour sa part, d'importants projets agricoles. J'espérais tout de cette nouvelle existence laborieuse, de cette application, de ses remarquables facultés à d'utiles travaux. Je faisais des rêves de l'âge d'or !

Mais le monde ne lâche pas facilement ses esclaves, ceux surtout qu'il oblige à *donner le ton*.

Notre résolution fut bientôt connue. Aussitôt, voilà nos voisins devenus tous bucoliques, prenant leurs quartiers d'hiver à la campagne. Jamais rien de pareil ne s'était vu dans la contrée. On s'en émut de toutes parts ; et les deux journaux du chef-lieu en parlèrent. Il y eut même entre eux une polémique à ce sujet. La feuille conservatrice approuvait « les gentilshommes décidés à vivre enfin sur leurs terres à côté du paysan. « Le journal démocratique raillait au contraire « ces gentils-hommes, ces hobereaux, » et leur demandait s'ils espéraient contribuer ainsi « à rétablir les droits du seigneur? »

Quant à nos voisins eux-mêmes, figurez-vous, cher oncle, des belles du noble faubourg, résignées à bâiller du matin au soir sur un ouvrage de tapisserie, et des héros du *High-Lif* résignés à fumer douze heures par jour dans une vaste salle gothique ornée, par anachronisme, d'une cheminée à l'anglaise.

Cette monotone sagesse dura une semaine. Le dimanche qui suivit on se rencontra à l'église ; l'ennui amassé dans les âmes éclata comme les premières bombes d'une révolution. D'un accord unanime on forma des projets de chasse pour les jours relativement beaux ; on organiserait un théâtre et des bals pour les jours de pluie ; des courses et des parties de patins pour les jours de gelée. Comme d'habitude, mon mari tint la corde pendant cette joyeuse délibération. Tandis qu'il rédigeait le programme de notre vie commune, — programme qui devait être imprimé et distribué à chacun des opinants, — mes yeux inquiets rencontrèrent les siens.

Il comprit.

— J'oubliais une réserve essentielle, s'écria-t-il. Les matinées sont libres. Je respirai. Les matinées me restaient pour nos enfants.

Cela pouvait suffire, Julien ayant l'intention de s'adjoindre un précepteur l'année prochaine.

Ah ! je me rassurais trop vite, ou plutôt j'ignorais où était le danger.

Le baron de N. avait à ce moment chez lui sa cousine, belle et riche veuve de vingt-huit ans. Cette dame, dégoûtée à jamais du mariage, disait-elle, affectait une liberté d'esprit et d'allures parfois choquante. On en riait un peu, on la traitait d'originale. Mais, au reste, comme elle est fort jolie, la critique de la part des hommes demeurait indulgente ; et les femmes se taisaient dans la crainte de paraître jalouses. Mon mari seul faisait une guerre ouverte à la belle excentrique. Ce spirituel antagonisme amusa d'abord la galerie ; puis quelques jeunes gens s'avisèrent d'y prendre part. Aussitôt Julien se retourna contre eux, comme s'il se fût réservé le droit d'attaquer seul une si charmante adversaire. Mme B. se prêtait avec beaucoup de grâce et d'humour à ces escarmouches qui ne m'alarmaient pas encore.

Je remarquai enfin un échange à peu près quotidien de billets parfumés. Pourquoi cette correspondance ?

Julien, d'ailleurs, est visiblement préoccupé. Il ne passe plus ses matinées avec nous.

Hier pensant le trouver dans son cabinet, j'y entrai : La photographie de Mme B. était sur la table de travail. Ah ! il aurait dû la cacher, du moins ! Je crus mourir... J'allai aussitôt au salon ouvrir l'album de famille pour m'assurer que le portrait de Julien y était toujours...

Non, mon père, il n'y est plus !...

Que vais-je devenir ? Et comment détourner de cette passion ou de ce caprice un homme dont la volonté manque absolument de frein, puisqu'il n'a pas la foi ?

P. S. — En ouvrant de nouveau l'album, j'ai retrouvé la photographie de Julien. Elle a été seulement détachée de la famille, et je ne l'avais pas remarquée parmi plusieurs autres également sorties de leur cadre. D'autre part, sans être questionné, Julien m'a expliqué qu'il s'était chargé de transmettre et de recommander la photographie de Mme B. à notre ami, l'habile miniaturiste, M. Ferdinand L.

Pourtant je ne suis pas rasssurée, mon père ; il reste pour me tourmenter, ce détail si insignifiant en apparence : le portrait de Julien n'était plus à sa place ; pourquoi l'en avait-on retiré ?

PAS DE SCÈNES

LETTRE XXXIV

Le Révérend Père de C. à Madame de S.

Voyons, mon enfant, ne vous montez pas la tête?... Sur de légers indices, n'allez pas troubler votre vie peut-être pour toujours. Soyez patiente et charitable, et non soupçonneuse et jalouse. Surtout, *pas de scènes!*...

D'ailleurs, tenez-moi au courant.

LETTRE XXXV

Madame de S. au Révérend Père de C.

« JE ME SUIS PERDUE ! » . — OZART. — « SOM-
MES-NOUS AMIS ? « J'AIM MIEUX CELA » — DOUX
TABLEAU. — MAMAN NOUNOU. — DE JOLIS PAN-
TINS. — « VOUS ME LES CASSERIEZ. » — REVI-
REMENT CRUEL.

J'ai été patiente, mon père, j'ai été charitable…
pourtant je suis désolée, je me sens perdue !

Julien est agité, sombre, froid, sarcastique ; ma
présence lui pèse, il passe presque tout son temps
hors de la maison, et, quand les circonstances
l'obligent à rester quelques instants auprès de nous, il
ne peut se défendre de me chercher querelle. *Lui*, si
parfaitement élevé, s'est oublié jusqu'à me dire des
choses mortifiantes devant des étrangers. Dans
notre société, on s'aperçoit déjà de ce changement

à mon égard ; j'ai eu la tristesse de surprendre des regards de commisération attachés sur moi ; on en serait même venu à des insinuations consolatrices, si mon attitude n'avait déconcerté certaines compassions équivoques.

Ma vie est un perpétuel supplice. Grâce à Dieu cependant, je n'ai encore ni crié ni faibli, je suis restée égale. Autant que je puisse m'en rendre compte à moi-même, les tortures de mon âme n'ont pas assombri mon front. Mais je suis à bout de forces !...

Julien a de bons retours qui amènent par moments une lueur d'espoir.

Lundi, après avoir couché mes enfants, profitant d'une soirée assez douce, j'ouvris les fenêtres du salon et me mis au piano. Jamais les suaves mélodies de Mozart ne m'avaient semblé aussi belles ; elles prêtaient des accents à ma tristesse, des plaintes sublimes à ma douleur. Ma pensée montait à Dieu sur ces ailes d'harmonie, et je ne sais quel baume céleste descendait dans mon cœur pour l'apaiser et le fortifier.

Tout à coup, j'entendis des pas furtifs sous les fenêtres, on gravit doucement les marches du perron, et je vis une ombre se dessiner dans l'entrebaillement de la porte.

C'était Julien.

Je restai au piano quelques minutes encore; puis gagnée par l'émotion, et craignant que mon jeu ne s'en ressentît, je me levai...

Mon mari entra. Il avait un bon sourire, et s'avançait vers moi les mains tendues.

—- Sommes-nous amis, me dit-il?

— Je l'espère, lui répondis-je.

— Comment? s'écria-t-il, en fronçant les sourcils, n'en seriez-vous pas sûre?

Cette menace de colère, qui m'a tant de fois effrayée, me révolta en ce moment. Je regardai fixement Julien, et ce mot: — Non! — s'échappa de mes lèvres, comme part l'étincelle qui allume la poudre.

A ma grande surprise, il n'y eut pas d'explosion. Julien serra un peu plus fort mes mains dans les siennes, ensuite, laissant retomber mes bras par un mouvement brusque :

— Au fait, dit-il, j'aime mieux cela qu'une scène de larmes.

Et il s'éloigna.

Hier matin, j'étais assise dans un coin du jardin, Louis sur mes genoux. Mes deux aînés, qui se promenaient avec leur père dans une allée voisine, m'aperçurent. Comme les oiseaux s'envolent joyeux vers leur nid, ils coururent à moi avec des cris d'allégresse, et tout deux grimpèrent sur les barreaux de ma chaise afin d'enlacer mon cou. Louis, pour les imiter me tendait ses lèvres roses et caressait mes joues du bout de ses petits doigts. Julien s'avançait lentement sans cesser de regarder ce tableau. De loin son visage me paraissait très-pâle. Quand il s'arrêta près de nous, mes yeux humides rencontrèrent les siens. Il saisit la main que j'avais posée sur la blonde tête de Marie, et la baisa avec une émotion vraiment étrange.

Il passa le reste de la journée avec nous.

Ce matin, force a été de l'accompagner avec les enfants, chez le baron de V.. La voiture nous a déposés à l'entrée du parc.

— Prenons le chemin détourné, a dit gaîment Julien :

Il s'est engagé dans un sentier bordé de buissons et d'arbres verts. Charles et Marie le suivaient se tenant par la main. Je marchais derrière eux, précédant la bonne qui portait Louis sur les bras. Julien fredonnait ; mais il s'est arrêté tout à coup et nous a fait signe d'avancer en silence.

Plusieurs personnes suivaient l'allée voisine, et causaient très-haut. J'ai entendu mon nom et reconnu aussi la voix qui l'avait prononcé ; c'était celle de Mme B.

— Quelle femme monotone ! disait de moi la belle veuve. Une maman *nounou* parfaite, j'en conviens ; mais dans un salon, grave, ennuyeuse, presque lugubre ! Elle me produit l'effet d'un *dolmen !*

Un bel esprit du cortége a prétendu qu'il y avait antithèse et non similitude entre la *maman nounou* élevant des enfants et leur donnant de sa vie, et le dolmen où l'on immolait des hommes.

Un autre s'est permis d'ajouter : —

Les enfants de *maman nounou* sont charmants.

— De petits perroquets bien appris, a répliqué Mme B. De jolis pantins.

Le sentier tournait à cet endroit. La suite de cette conversation intéressante s'est perdue pour nous dans le lointain.

Julien m'a regardée... mais j'avais l'air si calme qu'il a dû se demander si j'avais bien compris ou bien entendu. Lui, paraissait profondément blessé. Tout le jour il a évité les recherches de Mme B. Dans l'après-midi, cette femme a trouvé le moyen d'attirer Marie et Charles auprès d'elle. Ma petite mignonne était déjà sur les genoux de la belle veuve, lorsque Julien a remarqué ce trait de hardiesse. Il a traversé rapidement le salon pour aller prendre nos enfants.

— Pardon, madame, a-t-il dit d'une voix haute et brève, les *pantins* sont fragiles, et vos belles mains peu habituées à manier ces objets-là, vous me les casseriez ! Il m'a ramené les deux bébés au milieu d'un profond silence.

La conversation s'est renouée aussitôt sur un ton de gaieté marquée. Tout le monde paraissait satisfait. Je n'ai pas voulu abuser de mon triomphe.

Il me semblait, d'ailleurs, que Julien était sur les épines, et je l'ai prié tout bas de nous emmener. Il a eu un imperceptible mouvement de joie et s'est empressé de quitter le salon pour préparer le départ.

Mme B. est sortie après lui. Que s'est-il passé entre eux ?

Lorsque Julien est venu nous avertir de monter en voiture, il n'avait plus le même visage. Durant la route, personne n'a pu lui arracher une parole. En mettant pied à terre chez nous, il a commandé de seller son cheval.

— Vous repartez ? lui ai-je dit.

— Sans doute, m'a-t-il répondu d'un ton rogue. Quand on s'affuble de trois enfants, on peut être inopinément ramené au gîte. Mais vous les coucherez bien sans moi, ces marmots, et me permettrez, je suppose, de rejoindre nos voisins ?

J'avais sur les lèvres cette réplique jalouse :

— Et vos voisines !

Je l'ai retenue, et me suis inclinée simplement.

Quelle nuit j'ai passée !...

P. S. — Je rouvre ma lettre, cher père. L'épreuve s'élève à des proportions inattendues. Ce matin, Julien est reparti à cheval, mais non pas seul ; il emportait Charles en croupe. Il l'a pris sans me prévenir. O mon Dieu ! Cette femme voudrait-elle me disputer aussi le cœur de mes enfants ?

LETTRE XXXVI

Le Révérend Père de C. à Madame de S.

AGE TACTIQUE. — L'AMOUR-PROPRE. — UN PASSAGE
DE NAPOLINE. — LE MOUVEMENT NATUREL ET
SURNATUREL. — EN SPECTACLE. — ON RIT DU
MALADROIT. — QUELLE EST LA PLUS MALHEU-
REUSE? — ORGUEIL MASCULIN. — LA LOI DU
TALION. — L'ESTIME. — L'ESPRIT DE FOI. — LA
RANÇON D'UNE AME. — AIMER SEULE !

Mon enfant, sachez rester calme dans la douleur
et chasser les inquiétudes inutiles. Vous n'avez rien
à craindre pour votre enfant. Telle que vous me
l'avez dépeinte, Madame B. n'est point femme à
s'occuper longtemps d'un marmot de l'âge de
Charles. Elle pourrait, il est vrai, y mettre du
caprice, et partant quelque persévérance ; mais sa
fantaisie décroîtra en raison directe du peu d'importance que vous lui prêterez. Ayez l'air de lui

laisser volontiers votre fils ; montrez-vous même flattée de sa sympathie pour Charles ; elle vous le rendra bientôt.

Même tactique vis-à-vis d'elle, au sujet de votre mari. N'ayez jamais l'air de remarquer leur entente. Cette liaison viendrait-elle à produire du scandale, vous seule devez avoir l'air de tout ignorer. Cachez votre souffrance, cachez vos larmes, aux yeux de cette femme surtout. Dans cet effort de courage l'amour-propre doit vous soutenir.

Madame de Girardin a parfaitement traduit le sentiment de jalouse colère qui porte tant d'imprudentes à désirer un éclat :

« Vous qui n'avez point mis de chaîne à votre vie,
» Femmes du peuple, ô Dieu ! comme je vous envie !
» Votre franche douleur vous soulage, du moins.
» L'orgueil ne vous dit pas : -- « Souffre, mais sans témoin. »
» Votre rage a des cris, votre haine des armes.
» Vous n'avez point placé la honte dans les larmes.
» Vous ne vous piquez point de courageux efforts ;
» En mots injurieux s'exhalent vos transports,
» Vous courez, vous frappez la rivale imprudente
» Qui gêne vos amours. — Votre âme indépendante
» A de fausses douceurs ne sait point s'abaisser ;
» Car vous ne savez point haïr et caresser,
» Et dire à l'ennemi, au démon de votre âme,
» Avec candeur : « Comment vous portez-vous, Madame ! »

On ne saurait mieux peindre le sentiment naturel; mais le mouvement de la grâce est différent; il chasse la haine, et par conséquent la fausseté dans le calme de l'attitude et la politesse des rapports.

Songez à ceci, Henriette. Lorsqu'une situation pareille à la vôtre commence à poindre dans le monde, elle attire tous les regards; chacun s'y intéresse, non pour plaindre les douleurs qu'elle recèle, mais afin de s'en amuser, et dans l'espoir de trouver à rire de quelqu'un des acteurs. C'est toujours au plus maladroit que s'attache le ridicule. Si, en éclatant, vous vous donnez en spectacle, on rira de vous. Gardez donc votre dignité, gardez-la pour vous-même, et aussi pour éviter la déconsidération que ces sortes de scandales jettent sur une famille tout entière.

Pourquoi, d'ailleurs, seriez-vous irritée contre Mme. B. au point de souhaiter la vengeance? Quelle est la plus malheureuse de vous deux? Celle qui pleure en demeurant fidèle au devoir, ou celle qui triomphe et s'égare? Elevez-vous au point de vue surnaturel, et vous la plaindrez, et vous préférerez devant Dieu vos larmes à sa passion criminelle. Du reste, avez-vous besoin de chercher à la punir, quand elle se dépouille elle-même de l'estime publique? Vous resterez honorée et respectée, vous... Elle, combien d'affronts l'attendent? Combien de regards insolents lui reprocheront sa faute, et la forceront à rougir !

Quant à Julien, c'est la tête qui l'entraine ; ou je me trompe fort, ou son cœur vous reste. Ordinairement, dans ces folies, l'amour-propre et l'esprit d'indépendance (de révolte, si vous voulez) jouent un grand rôle du côté de l'homme. Eh ! bien, ne froissez pas cet orgueil surexcité. Continuez à vous taire. Soyez digne, sans doute, et ne vous jetez pas à la tête de votre mari ; mais chaque fois qu'il reviendra à vous avec repentir et sincérité, faites-lui comprendre que votre cœur lui reste sans partage.

N'allez pas commettre l'impardonnable faute de chercher à le ramener en éveillant sa jalousie. Répondre à un tort en se donnant l'apparence d'un tort égal, c'est appliquer la loi du talion, et cette loi n'est pas chrétienne. De plus, c'est descendre au niveau des coupables, et perdre tout droit de leur adresser aucun reproche. Il importe pour vous de rester supérieure à Mme B. non-seulement devant le monde, mais surtout aux yeux de votre mari. Aimât-il cette femme plus qu'il ne vous a aimée, Julien ne pourra jamais l'estimer, comme il vous estime. Conservez cet avantage.

Enfin, chère enfant, comme ces motifs humains paraissent bien faibles en de telles épreuves, recou rez à l'esprit de foi. Il vous rappellera combien est aveugle et sans défense contre les passions l'âme d'un incrédule.

— « Que ferais-tu à la place de Julien, vous dira cet esprit de charité, si tu étais comme lui tentée violemment, et dès longtemps privée de secours religieux ? » Ainsi vous éprouverez plus de compassion que de colère, ainsi vous prierez au lieu de maudire.

L'esprit de foi vous dira encore : — Quel est le but de la vie ? — L'éternité ? — Quel moyen de rendre l'éternité bienheureuse ? — Un seul : la soumission au bon plaisir de Dieu. Il faut voir dans les avantages temporels, naissance, fortune, rang, des moyens de répandre le bien autour de soi ; et, dans les maux qui nous frappent, l'occasion d'expier nos fautes. Le chrétien envisage tout au point de vue des intérêts de l'autre vie; il s'abandonne à Dieu dans la joie comme dans la peine, car l'esprit de foi lui assure que tout ce que Dieu veut est bon.

Reposez-vous dans cette confiante pensée, Henriette. La Providence juge peut-être utile pour vous de purifier votre amour par la douleur, d'en retrancher ce qu'il avait de trop personnel et de trop sensible?

Vous désirez le salut de Julien. Qui sait si Dieu

ne vous fait pas, en ce moment, mériter cette grâce ?
Vos larmes en sont peut-être le prix ?

— Perfectionner mon amour en perdant celui de
Julien ? me direz-vous. Mais pourrais-je désormais
aimer seule ?

Non, sans doute. Aimer seul ! Ces deux mots
exprimeraient une anomalie, s'ils pouvaient être
vrais ; mais ils ne le sont pas ; on n'aime jamais
seul , Dieu aime toujours avec nous.

Cette âme, qui vous est si chère, l'est bien davantage à Dieu ; ce retour que vous désirez, Dieu
le sollicite bien plus que vous. Jésus-Christ a donné son sang pour l'obtenir !

Vous n'aimez donc pas, vous ne souffrez donc
pas seule, Dieu est dans vos intérêts, il soutient
vos droits. Vous trouverez son cœur toujours ouvert pour recevoir vos supplications et vos plaintes.

On perd quelquefois, dans ces épreuves, la tendresse, c'est-à-dire la joie de l'affection, ce charme si doux et si vif qu'on le ressentirait encore au
milieu des tortures. Mais Dieu ne vous demandera
pas ce sacrifice, Henriette, il abrégera vos angoisses, et vous rendra votre bonheur tout entier.

LETTRE XXXVII

Madame de S. au Révérend Père de C.

ACCIDENT. — REPENTIR. — LE SALUT, MAIS A QUEL PRIX !

Depuis quinze jours, cher père, il faisait ici un beau temps cruel dont profitait Julien pour me priver de Charles durant toutes les après-midi. Hier au soir, j'entendis plus tôt que de coutume le pas d'un cheval dans la cour. Mon cœur se serra et je ne sais quel mouvement de vague terreur me poussa vers la fenêtre. Mon mari avait déjà mis pied à terre, et tenait dans ses bras Charles qui paraissait évanoui.

Je me précipitai à leur rencontre.

Mon cher enfant n'avait pas perdu connaissance, mais semblait paralysé de tous ses membres ; ses traits décomposés étaient d'une pâleur livide ; ses yeux brillaient étrangement ; sur ses pommettes, une petite plaque rouge produisait l'effet d'un charbon ardent. Il me reconnut et voulut me sourire ; cet effort se traduisit par une grimace navrante !

J'étais atterrée ! et en même temps furieuse !

Je ne sais quelles paroles arrivaient sur mes lèvres, ni ce qu'exprimait mon regard, mais Julien en fut effrayé. Il recula machinalement... Ses yeux me suppliaient de l'épargner.

Mon bon ange m'aida, sans doute, à vaincre cette terrible révolte de mon cœur. Je me tus. Je pris doucement Charles dans mes bras ; je le baisai avec toute ma tendresse, et l'emportai dans ma chambre après avoir commandé de prévenir le docteur.

— C'est fait, répondit Julien. Il ne peut tarder d'arriver.

En attendant, je couchai mon fils, et le couvris de frictions et de sinapismes. Il me semblait en proie à un violent accès de fièvre qui lui congestionnait le cerveau, et j'attribuais cet état à quelque refroidissement. J'étais dans le vrai : Sous prétexte de pêche et de promenade en bateau, on avait laissé le pauvre petit exposé toute la journée à des courants d'air humides.

Le médecin approuva mon traitement, et me dit:
— Sans vous, Madame, j'arrivais trop tard. Vos soins ont rendu les miens efficaces.

Quelle est donc la puissance d'une grande affection, mon père? J'ose à peine l'avouer. Durant ces heures de mortelle angoisse où mon cœur saignait par toutes ses fibres, je ne pus voir sans une joie secrète l'admiration, l'attendrissement se mêler à l'inquiétude dans le regard de Julien attentif à tous mes mouvements.

Au point du jour, Charles s'endormit. Le docteur l'examina longtemps, puis se tournant vers moi. —

Tranquillisez-vous, Madame, me dit-il, vous l'avez sauvé.

Dès que nous fûmes seuls, Julien prit mes deux mains dans les siennes avec une sorte de timidité.

Henriette, me dit-il gravement, pardonnez-moi ce que vous avez souffert cette nuit. Je ne vous occasionnerai plus de semblables douleurs, soyez-en sûre.

— Merci de cette promesse, répondis-je assez froidement.

Il serra ma main un peu plus fort.

— Oh ! je vous en prie, me dit-il, rendez-moi votre cœur. Le mien est tout à vous !

Mme B. part demain. C'est le salut ; mais quelle terreur il m'a coûtée !

QUATRIÈME PARTIE

LA MÈRE INSTITUTRICE

LETTRE XXXVIII

Le Révérend Père de C. à Madame de S.

LES PETITS PRODIGES. — AUTOMATES ET PERROQUETS — LES PETITS HIBOUX. — LES PETITS PAONS. — VANITÉ DES VALETS. — ORGUEIL DE LA RICHESSE. — LOUANGES. — DÉTESTABLE MANIE. — PRINCIPAL MOYEN D'ÉDUCATION. — LE SINGE DE LAFONTAINE. — UN MOT D'ENFANT. — LES BOBOS — DIFFÉRENCE DES CARACTÈRES. — DEUX PETITES JEANNE.

Puisque l'orage est passé, ma chère fille, remerciez Dieu, et reprenez votre tâche. Soyez tout entière au devoir maternel.

Avez-vous remarqué, Henriette, combien peu

17

de pères et de mères songent à étudier le caractère de leurs enfants? Cette connaissance est pourtant essentielle; mais on ne le comprend pas. Dès qu'un enfant commence à bégayer, on cherche à développer son intelligence au profit de la vanité des parents; on bourre sa mémoire d'historiettes et de fables bien au-dessus de sa portée; l'enfant les débite ravi des éloges qu'on lui prodigue. Il y a quelqu'un de plus ravi encore; c'est le père et la mère, fiers d'un enfant si précoce, « vrai phénomène, charmant petit prodige, » — chantent en chœur les amis conviés à l'admirer.

On ne s'aperçoit pas qu'on a tout simplement formé des automates et des perroquets.

L'expérience est là pour prouver ce que deviennent au bout de quelques années ces merveilleux bambins auxquels les grand'mères ont prédit un brillant avenir, parce qu'à trois ans ils récitaient avec grâce la fable du *loup et de l'agneau*.

Il y a des parents assez naïfs pour vanter sans cesse leurs enfants. On les écoute avec résignation, on sourit par politesse; on renchérit même quelquefois sur leurs louanges; en réalité, on se moque d'eux; on compare leur aveuglement et leur enthousiasme à celui de la mère des hiboux: — « Mes enfants sont les plus beaux du monde. »

Mais beaucoup de parents commettent une faute

plus grande encore: c'est en présence même de leurs bébés qu'ils s'abandonnent à ces admirations imprudentes. Rien n'est plus dangereux que d'éveiller la vanité au cœur des enfants. C'est développer l'égoïsme et tuer dans leur germe les meilleures qualités de l'âme.

Ne l'oubliez pas: il en est de l'enfant comme de la rose; si vous la cueillez en bouton pour en savourer à plaisir le parfum, vous n'en aurez pas la fleur.

Mais la vanité la plus sotte qu'on puisse fomenter dans ces petites têtes, c'est celle qui s'attache aux choses extérieures, à la beauté physique, à la toilette, à la fortune, au train de maison. Vous avez entendu mille fois dire à des enfants: —

Que vous êtes joli, bébé! Oh! la belle robe! Oh! comme ce chapeau vous va bien! — Et voilà aussitôt bébé qui se regarde à la glace, et fait la roue comme un petit paon.

Je sais très-bien, Henriette, que vous éviterez cette niaiserie; mais, si vous n'y prenez garde, vos amis ou vos domestiques la commettront. Rien n'est vaniteux comme un valet. A moins d'ordres sévères sur ce point, les vôtres ne manqueront pas de faire remarquer à leurs jeunes maîtres combien leur habitation est vaste et somptueuse, combien les toilettes de *maman* sont riches, et les chevaux de *papa* beaux et fringants. Au moyen de comparaisons et d'insinuations flatteuses, ces âmes vulgaires persuaderont à vos petits chéris qu'ils sont d'une race bien supérieure au commun des mortels; avec cette conviction, on se croit facilement des droits à la hauteur, au dédain, voire à l'insolence.

Si vous n'y mettez obstacle, vos domestiques, vos amis peut-être, parleront à vos enfants de la fortune paternelle, cherchant ainsi à leur inspirer le plus déraisonnable des orgueils, celui de la richesse. Je connais un homme, gâté par ces basses adulations, et tellement enflé de ses écus, qu'il ne sait vous aborder sans vous dire: — « Je suis riche, j'ai de l'argent. » Son fils, élevé de la même façon, tient déjà le même langage, avec la seule différence du présent et du futur: — « Je serai riche, j'aurai de l'argent. »

Apprenez à vos enfants à n'estimer que les supériorités morales: l'intelligence, l'instruction, la vertu.

Il faudra sans doute les encourager quelquefois par l'éloge, mais avec discernement et modération; si vous les louez trop, ils prendront bientôt le parti de se reposer sur leurs lauriers ; vous les verrez capricieux, négligents, indociles.

Un autre travers de parents, fort blâmable à mes

yeux, Henriette, c'est la manie de s'amuser d'un enfant comme d'un singe ou d'un perroquet. Amuser les enfants, partager leurs jeux, à la bonne heure; mais les agacer, provoquer leurs cris, rire de leurs grimaces, répondre à leurs naïvetés par des sornettes, c'est une véritable aberration.

L'enfant, naturellement curieux, interroge. On pourrait profiter de cette pente pour l'instruire, pour développer son esprit, former son cœur et son jugement. Au lieu de cela, que fait-on?

On abuse de leur ignorance, on leur conte des histoires ridicules, on les effraie quelquefois, on s'amuse de leur crédulité. Le moindre inconvénient de ce système, c'est d'apprendre plus tard à **vos** enfants que vous avez menti en vous moquant d'eux. Le bel exemple! Et ne craignez-vous pas les représailles?

« Malheur à qui scandalise un de ces petits » enfants, a dit Notre-Seigneur. Il vaudrait mieux » pour lui, qu'on lui attachât une meule de moulin » au cou, et qu'on le précipitât dans la mer. » — Et encore: — « Faites ce que vous m'avez **vu** faire. »

Voilà, chère Henriette, le principal moyen d'éducation: l'exemple.

Dans ses premières années, l'enfant vit pour ainsi dire, d'imitation. C'est en imitant qu'il apprend à parler, à marcher, à travailler, etc? Mais il imite le mal comme le bien. S'il entend son père et sa mère mentir, se quereller, s'injurier, blasphémer, il fera comme eux. A qui la faute? On châtiera l'enfant, et l'on se croira saintement sévère...... Ne faudrait-il pas d'abord se corriger soi-même?

Le singe de Lafontaine brise le miroir qui reproduit ses grimaces et sa laideur. Combien de parents, en maltraitant un enfant plein de leurs propres défauts, ressemblent à ce singe?

Ceci me rappelle le mot d'un spirituel enfant de sept ans, aujourd'hui haut placé dans la magistrature. Je le rencontrai dans un corridor où ses espiègleries venaient de le faire reléguer.

— Et! mon petit ami, lui dis-je; qu'y a-t-il donc? Vous boudez? —

Je ne boude pas, je gronde. —

Et pourquoi? —

Parce que papa n'est pas raisonnable. Pour une dispute, il m'a jeté hors du salon. —

Mon enfant, papa n'a fait que son devoir si vous aviez commis une faute. —

C'est vrai, j'ai été méchant; mais papa m'a appris que si nous sommes méchants, c'est la faute d'Adam dans le Paradis terrestre. Ce n'est donc pas moi que papa devait gronder?

Combien d'enfants devraient dire avec juste raison. — Ce n'est pas moi, c'est lui-même que papa devrait gronder!

Veillez donc sur vous, Henriette, afin que vos enfants n'aient jamais l'ombre de ce reproche à vous adresser. Soyez pour eux un parfait modèle. Leur instinct imitateur vous secondera ainsi merveilleusement dans l'accomplissement de votre tâche.

Gardez-vous encore de les décourager, de les fatiguer par de continuels reproches, des observations incessantes. Sachez, je vous l'ai déjà dit, fermer les yeux sur les bagatelles, sur les fautes involontaires, et demourez impitoyable pour tout ce qui est caprice, méchanceté, vice réel de la volonté ou du cœur.

L'illustre Fénelon a formulé cette règle en termes précis : — « Refusez absolument ce que » l'enfant demande par des cris d'impatience et de » colère. Heureuse serez-vous si, vous êtes assez » courageuse pour imposer silence à votre tendres- » se. Dussiez-vous pleurer vous-même avec vos » enfants, ne cédez jamais à leurs caprices. Il » s'agit de savoir qui obéira de vos enfants ou de » vous. »

J'ai vu des enfants qui froidement, sans colère, ne demandaient jamais rien qu'avec des cris et des larmes, parce qu'ils avaient reconnu que c'était le moyen infaillible d'obtenir tout ce qu'ils voulaient.

A propos de ces larmes d'enfants, tous les bébés du monde en versent pour le moindre *bobo*. Les vôtres ne seront pas exempts de cette faiblesse; ils feront des chûtes, ils cogneront aux angles leur tête étourdie. Grande alarme! Leurs cris perçants vous appelleront au secours. Ayez soin de cacher votre trouble, si vous en éprouvez; plus vous caresserez l'enfant, plus vous aurez l'air de le plaindre, plus il criera. Sans le rudoyer, engagez-le à se taire, et s'il n'a pas trop de mal, grondez-le doucement de son étourderie ou de sa maladresse. Quand il sera assez grand pour vous comprendre, dites-lui qu'il faut se montrer énergique contre la douleur, et faites-lui observer combien peu les plaintes et les larmes soulagent ceux qui souffrent, tout en affligeant ceux qui les voient et les entendent.

Au lieu de leur donner ces sages leçons, il y a des mères qui consolent leurs enfants d'une manière étrange. Elles frappent l'obstacle contre lequel le bébé s'est heurté; elles injurient la personne, l'animal ou l'objet, cause de l'accident. Belle consolation! Voilà l'enfant persuadé qu'il ne doit rien souffrir de qui que ce soit sans se venger à l'instant. Si quelque jour se voyant châtié, il lève la main contre ses parents, ses frères, ses camarades ou ses maîtres, qui donc lui en aura donné l'exemple?

Je vous rappelle ces fautes pour mémoire, chère Henriette. Vous avez trop de bon sens pour les commettre. Vous savez aussi combien il importe de traiter chacun de vos enfants suivant son caractère. A l'enfant paresseux, il faudra d'autres leçons qu'à l'enfant plein d'activité et de fougue. Vous ne sauriez corriger l'orgueil avec les procédés employés contre le manque absolu d'émulation et d'amour-propre. Ainsi des autres défauts et qualités qui exigent chacun leur correctif spécial et leur culture particulière. La raison prescrit assez clairement cette tactique. Il en est ici de l'hygiène morale comme de la médecine.

— « Lorsque, par un diagnostic consciencieux,
» disait un praticien célèbre, nous connaissons le
» mal qu'il faut combattre, son caractère, ses
» causes, ses effets et les remèdes, nous ne savons
» rien encore. Il nous faut étudier le tempérament
» du malade, ses habitudes, ses répugnances, son
» moral même, sans quoi nous risquerions de le
» rendre incurable au moyen de prescriptions
» qui en auraient sauvé cent autres. »

Ainsi risqueriez-vous de manquer totalement votre but, si vous prétendiez n'avoir pour vos trois enfants qu'une seule règle, sans tenir compte de leurs dispositions individuelles.

Avant d'agir étudiez le bon ou le mauvais côté de ces jeunes âmes. Si vous êtes attentive, vous en aurez cent fois par jour, et surtout dans les petites choses, la révélation exacte. Surveillez les premiers mouvements; c'est par eux que l'âme se montre à nu.

Voici un trait qui m'a frappé récemment. Je me trouvais pour quelques minutes dans un salon où entrèrent deux petites filles de quatre à cinq ans, l'une jolie, blonde, expansive, et très-caressée; l'autre, moins jolie, avait un regard intelligent, mais paraissait timide. Elles allèrent toutes deux s'asseoir dans une embrasure de croisée. Je me demandais, en les regardant, si la fillette blonde, charmante et si adulée n'était pas déjà un peu éprise d'elle-même.

— Voyez, dit quelqu'un, comme ces deux Jeanne paraissent raisonnables, si paisibles dans leur petit coin. —

Quelle est la plus sage des deux? demandais-je avec intention. —

C'est Jeanne s'écria aussitôt la blondine en désignant son amie.

Bon petit cœur généreux! Cette réponse me

prouvait que l'égoïsme ne l'avait pas ecore entamé.

Ces observations de détail, Henriette, seront pour vous le fil d'Ariane. Suivez-le, et s'il ne vous mène pas tout de suite au succès n'allez pas croire vos enfants incorrigibles. Avec l'adresse et la patience du cœur, vous entamerez fortement leurs défauts; plus tard, la raison et la grâce parachèveront l'œuvre.

LETTRE XXXIX

Le Révérend Père de C. à Madame de S.

UN SOUVENIR DE LAMARTINE — UN MOT DE M. DE
MAISTRE. — QUESTIONS IMPROMPTUES. — LA
NOTION DU DEVOIR. — PETITES EXPÉRIENCES.
— LA BONTÉ. — LE SOIN DE PLAIRE. — L'AMOUR
DU PAUVRE. — L'ORGUEIL DE LA RICHESSE.
— « JE NE PUIS ALLER LA, MOI. » — « IL A
MANGÉ COMME EUX, LUI. » — LE DEVOIR DE
L'AUMONE. — MAUVAIS PRÉTEXTES.

Chère Henriette,

Vous aurez, principalement à cultiver chez vos
enfants la mémoire, le jugement, le cœur.

Commencez par la mémoire. Je dis cultiver,
non pas fatiguer, entendons-nous bien. Si vous
laissiez inertes dans le premeier âge l'intelligence
et la mémoire de vos bébés, ces facultés s'affaibli-

raient absolument comme le corps s'étiole lorsqu'on le prive d'exercice. L'enfant qu'on habitue à jouer, jouer toujours, éprouve infiniment plus de répugnance quand il faut plus tard se mettre à l'étude, et en même temps plus de difficultés pour apprendre. Par exemple, un tout petit enfant retiendra sans peine les caractères alphabétiques; un enfant plus âgé sera longtemps à les connaître tous.

Profitez donc de ce premier éveil de la mémoire, sans jamais en abuser, soit par un exercice immodéré, soit en apprenant à vos enfants des choses fausses. Pourquoi peupler ces jeunes cerveaux de fantômes? Pourquoi diriger le premier essor de leur imagination vers des régions fantastiques? A quoi servent les contes de fées? A les amuser sans doute. Mais les amuser ainsi, c'est au moins du temps perdu, car on pourrait fort bien les intéresser et les instruire à la fois, en leur racontant des histoires vraies. Nos Livres saints n'offrent-ils pas assez de traits charmants que l'enfant retiendra? Racontez les histoires de Joseph, de Tobie, celle de nos premiers parents, et tant d'autres. Parlez du saint Enfant Jésus. Ainsi vous habituerez doucement ces jeunes intelligences à s'élever vers les plus nobles pensées; vous déposerez dans ces jeunes cœurs le germe des vertus.

Ayez soin d'insister sur chaque circonstance

de l'histoire d'où peut ressortir une leçon. Multipliez, si vous le voulez ces petites conférences, mais qu'elles ne soient jamais trop longues. Dès que vous voyez poindre la moindre distraction ou la fatigue, levez la séance.

Il y a dans les *confidences* de Lamartine une délicieuse page relative à ce doux enseignement moral et religieux de la mère. Relisez-la. Vous verrez le grand poëte encore palpitant de l'émotion pieuse qui débordait du cœur maternel pour inonder le sien et y laisser des traces ineffaçables. De telles leçons ne s'oublient jamais. Joseph de Maistre a eu raison de dire. — « L'éducation es-
» sentielle de l'homme est conclue à l'âge de sept
» ans sur les genoux de sa mère. »

Une méthode excellente, je crois, pour habituer les enfants à penser juste, à juger sainement, et propre à développer en eux l'initiative de l'esprit, c'est de leur poser sans préambule des questions de l'ordre intellectuel ou moral. Par exemple : — Pourquoi faut-il obéir à Dieu? — Qu'est-ce que la bonté? — Quels sont les inconvénients d'un mauvais caractère?

Excitez entre eux l'émulation pour vous répondre. Leur trempe d'esprit, leurs dispositions natives se révèleront ainsi d'elles-mêmes, et vous donneront occasion de redresser, d'éclairer ou de fortifier leur jugement.

A mesure qu'ils avanceront en âge donnez-leur une juste et forte notion du *devoir*. Qu'ils cessent de regarder la vie comme un long amusement ; montrez leur ce qu'elle est pour tous: un temps de labour et de lutte pour arriver au port. Vous pouvez, dès l'enfance, les habituer à remporter sur leur humeur ou leurs penchants de petites victoires qui les prépareront à de plus grandes ; vous devez leur inspirer la noble ambition de se dominer et de se vaincre, c'est-à-dire de se posséder eux-mêmes. En leur indiquant certaines expériences proportionnées à leurs forces intimes, vous arriverez à leur faire comprendre la pratique comment on devient maître de soi, et combien cet empire de la volonté sur les instincts est à la fois avantageux et nécessaire.

Mais le point essentiel de l'éducation, chère Henriette, c'est de former le cœur, c'est d'y mettre la *bonté*. Trop de mères, par leur aveugle tendresse, par des attentions incessantes, développent un égoïsme incurable dans l'âme de leurs enfants. Ce petit être, objet des préoccupations, des caresses, des soins, des gâteries de tout ce qui l'entoure, se persuade que le monde entier a été créé pour lui seul ; il prend l'habitude de tout rapporter à lui, et tout le dévouement qu'on lui prodigue, au lieu d'exciter sa gratitude, le rend de plus en plus exigeant et personnel.

Quel malheur et quel crime de pétrifier ainsi le cœur d'en enfant !

Gardez-vous de développer chez les vôtres, Henriette, une sensibilité exagérée, maladive, qui les expose à se trouver sans cesse meurtris et froissés dans la vie. Il faut l'équilibre entre le cœur et la tête, et que celle-ci puisse au besoin défendre et diriger celui-là; mais il faut aussi que le cœur sente et parle, car il est la source des meilleures inspirations. Que vos enfants aient une bonté franche, et le dévouement ferme et facile. Habituez-les à s'occuper des autres avant de songer à eux-mêmes. Qu'ils sachent se priver de ce qu'ils possèdent quand ce sacrifice pourra procurer le plaisir d'autrui. Ainsi plus tard ils ne reculeront pas devant les grandes abnégations, si Dieu les leur commande par la voix du devoir. Apprenez leur surtout à redouter d'imposer à qui que ce soit fatigue ou souffrance. Il n'existe certainement pas pour une vie chrétienne de meilleure devise que celle-ci. — « Ne pas offenser Dieu, ne faire souffrir personne. — » C'est en deux mots la loi de charité; donnez-la à vos enfants. Formez-les de bonne heure à ce doux échange d'attentions qui rend la vie de famille si heureuse; et ce soin chrétien de plaire, ils ne doivent pas l'avoir entre eux seulement, ni se contenter de le pratiquer à l'égard de leurs parents, il est nécessaire de l'étendre jusqu'aux inférieurs, jusqu'aux domestiques.

« Ce que vous ferez au plus petit des miens, a dit Notre-Seigneur, c'est à moi-même que vous le faites. »

Que peut-on donner de meilleur à l'homme que la bienveillance et l'affection?

Vos enfants aimeront les pauvres, j'en suis certain, Henriette. Leur charité ne se bornera pas à jeter avec dédain une pièce de monnaie aux malheureux.

Croyez-le bien, en dépit de toutes nos œuvres philanthropiques, la divine parabole du mauvais riche est toujours vraie. C'est ici une des principales causes de malaise dans notre société inquiète. Les riches ne donnent pas assez, et donnent mal. La main tendue vers la misère se fait rarement fraternelle et affectueuse; le cœur oublie d'effacer, sous le rayonnement de la charité du Christ, les distances sociales; il ne songe pas à jeter *l'égalité dans l'amour* comme un pont sur l'abîme qui sépare l'opulence du dénuement. De là toutes les colères de la souffrance, et les révoltes de l'orgueil froissé. On regarde le pauvre comme un être dégradé, comme un paria; on croit sottement apparatenir à une catégorie d'êtres supérieurs; tout le révèle à l'indigent dans les paroles, l'accent, le regard, l'attitude des heureux qu'il aborde.

Ah! l'orgueil de la richesse, cet orgueil auquel Jésus, *l'ami des pauvres*, jetait de si terribles anathèmes, produit des fruits désastreux dans la vie sociale, nourrit de pitoyables erreurs!

Je vous ai parlé d'un homme possédé pour ainsi dire de cette idée — « Je suis riche! » Comme vous le pensez bien, sa famille entière est imbue du même enthousiasme. Sa mère, bonne chrétienne à la façon des cœurs étroits, apprit un jour la maladie et la détresse d'un vieillard abandonné. On lui raconta que ce malheureux se mourait dans un taudis ouvert à tous les vents. C'était lui insinuer l'obligation d'une visite charitable. Elle le sentit et se hâta de répondre avec la bonne foi d'une vanité incurable et d'un imperturbable égoïsme : —

« Je ne puis *aller là, moi*, vous le comprenez bien! »

Quelques années plus tard le petit-fils de cette brave dame, étant allé à cheval chez des métayers, y fut retenu par une pluie battante qui dura tout le jour. Force fut au jeune homme de partager le pot-au-feu de ces paysans. Un ami de la famille, persuadé qu'un riche héritier n'est pas un enfant comme un autre, apprit cette aventure qui le jeta dans un enthousiasme comique. —

« Il a passé la journée entière avec ces pauvres gens, disait-il tout attendri. Il s'est assis à leur table, *lui* ! il a mangé comme eux ! »

Ne laissez pas de telles niaiseries effleurer jamais l'esprit ou le cœur de vos enfants. Enseignez-leur non-seulement à frayer avec les plus humbles de leurs semblables, mais à visiter sans répugnance les réduits de la misère. Puisque Dieu leur a donné la fortune, pénétrez-les de ce grand devoir de l'aumône (j'entends l'aumône bien faite) assez négligé pour justifier cette menace du Sauveur : « Il est plus facile à un cable de pénétrer dans le trou d'une aiguille qu'à un riche d'entrer dans le royaume des cieux ! »

On ne refuse rien au plaisir, on sacrifie sans cesse au luxe, à la représentation ; et l'on s'excuse de cet indigne emploi de la richesse, en inventant de futiles prétextes contre le devoir de l'aumône. Réfutez d'avance tout ce que l'on pourra dire plus tard à vos enfants de contraire au précepte de la charité. Vous-même ne vous laissez pas arrêter par les voix trop prudentes qui vous crieront. — «Prenez garde ! Vous allez faire respirer un air vicié à vos enfants, en les conduisant au chevet des pauvres et des malades ! » On vous dira

encore : — « Nos aumônes sont si mal placées ! Et
» puis les pauvres se montrent si exigeants, si
» ingrats, si vicieux ! »

Répondez hardiment : — « Ce n'est ni au vice
» ni à l'ingratitude que je tends la main, c'est à
» Jésus-Christ ! A Jésus-Christ défiguré , sans
» doute, couvert de la poussière, de la sueur et du
» sang des passions ; mais à Jésus-Christ, Fils de
» Dieu, portant en l'humanité souffrante la lourde
» croix que le mal lui a imposée. »

D'ailleurs, faites la part de la mauvaise éducation
et de la misère, et demandez à ces juges impitoyables combien d'entr'eux, élevés dans les mêmes
conditions, auraient les vertus qu'ils exigent du
pauvre?

D'un autre côté, le mépris et l'abandon sont-ils
un moyen de rendre meilleurs ceux qui souffrent?
Combien de révoltes peut calmer au contraire une
affectueuse parole ; combien de funestes projets,
de crimes même, peut prévenir un secours donné
à temps, et avec cet air de bonheur, de compassion
vraie qui touche les âmes !

Vous m'avez compris, Henriette, et vous allez
inscrire en tête de votre programme d'éducation
morale ce mot divin : *Charité.*

LETTRE XL

Le Révérend Père de C. à Madame de S.

L'IMAGINATION — SA PUISSANCE. — LA FOLLE DU LOGIS — VOYAGE AU PAYS DES CHIMÈRES. — DANGER DES BONS ROMANS. — LA VERTU SUR DES ROULETTES — LE MONDE IMAGINAIRE ET LA VIE RÉELLE. — WALTER SCOTT, PAUL FÉVAL — LA MUSIQUE. — LETTRE D'UNE MÉNAGÈRE. — LA FÉE DE CENDRILLON ET SA BAGUETTE MAGIQUE — CETTE BONNE FÉE EXISTE.

Ma chère enfant, regardez cette lettre comme le *Post-scriptum* de la précédente. Je vous ai parlé dans cette dernière de la mémoire, du jugement, du cœur ; il me reste à vous parler de l'imagination. A celle-ci, il faut surtout la règle et le frein.

Une imagination vive est un des plus beaux dons de Dieu. Elle éclaire et fortifie notre vie morale ; elle plane sur l'existence positive, et pour aussi sombre que soit celle-ci, elle l'illumine en laissant tomber sur elle les éblouissants faisceaux de ses clartés. La chaleur, les couleurs, la vie, tout cela lui appartient. Pour elle les horizons n'ont pas de limites. Elle parcourt, soutenue par ses rapides ailes, le champ mélancolique du passé et le champ mystérieux de l'avenir. C'est elle qui spiritualise en quelque sorte les sens. C'est elle qui perce la voûte des cieux et transporte l'âme pieuse *par delà* leurs profondeurs. C'est elle qui montre à l'œil des magnificences que la terre ne connaît pas. C'est elle qui fait entendre à l'oreille des harmonies sous lesquelles notre atmosphère ne vibra jamais. C'est elle qui communique au cœur et à la volonté leurs plus sublimes élans. Sans elle la terre, cette froide terre, la vie, cette vie si monotone, seraient sans soleil ; sans elle le génie et la vertu n'iraient pas si loin et seraient moins féconds.

Mais plus cette faculté de l'imagination est puissante, plus ses désordres sont désastreux ; plus il importe de la régler chez les enfants.

Voici, ma chère Henriette, les principales causes du dévergondage trop fréquent de cette *folle du logis*.

D'abord, l'imprudence des parents. Beaucoup de mères ne savent amuser leurs enfants que par des récits extravagants où l'imagination jette à pleines mains ses vives couleurs, mais où la raison, le cœur, le bon sens n'ont aucune place. Cela s'appelle lancer les jeunes têtes dans la chimère. N'ouvrez pas à vos enfants le magique horizon des rêveries folles, car une fois aventurée dans ces vagues espaces, leur imagination n'en reviendra plus.

Je connais des parents dont la faute est pire encore. Non contents d'entraîner ces jeunes esprits vers l'impossible, ils se laissent aller à rêver tout haut pour leurs enfants un avenir féérique. C'est la réussite sans obstacle dans une carrière brillante, c'est la fortune colossale, c'est la célébrité, ce sont les honneurs qu'ils promettent à leurs fils ; c'est une splendide alliance qu'ils font espérer à leurs filles. Ils éveillent ainsi dans ces âmes neuves des ambitions dangereuses, des appétits malsains. Et comme la vie positive ne ressemble guère à ces tableaux séduisants, ils préparent à leurs enfants des déceptions cruelles ; ils assurent d'avance le tourment de ces êtres si chers, auxquels ils apprennent à mettre le bonheur dans la richesse ou les satisfactions de l'orgueil.

Interdisez à vos enfants les livres qui produiraient sur leur imagination des effets semblables. Je ne parle pas ici des romans faits pour corrompre l'esprit et le cœur ; ceux-là vous les proscrirez de vous-même. Mais songez que certains romans, réputés bons, laissent une impression fâcheuse en ce sens qu'ils peignent la vie sous des couleurs absolument fausses. Ils vous introduisent, par exemple, dans un monde mystique où l'on ne rencontre que des saints et des anges. Là, paroles, actions, sentiments, tout est raffiné, perfectionné, quintessencié. *C'est le contraire de la vie réelle.* Dans ce milieu imaginaire, la vertu marche pour ainsi dire sur des roulettes ; si vous préférez une image moins triviale, la vertu a des ailes, et plane doucement dans une atmosphère où les vents soufflent en cadence, où la foudre elle-même n'éclate qu'à propos.

La vie positive, au contraire, offre mille obstacles, mille rudesses ; la vie de famille, mille occasions de souffrances, de sacrifice et de support. C'est avec des hommes, non avec des anges qu'il faut habiter ; et ces hommes, même bons et chrétiens, n'auront jamais la perfection chimérique des héros de ces pauvres romans.

Imaginez une jeune fille, un jeune homme nourris de ces livres à l'eau de rose, la tête farcie de ces belles déclamations, le cœur ému de ces sentiments mirifiques. Ils prendront la réalité en dégoût, leur sort en pitié. Tout les choquera, tout les irritera dans le cours naturel des choses. Ils seront sans cesse mécontents d'eux et des autres ; peut-être de la Providence elle-même?

Si plus tard vous mettez dans les mains de vos enfants des œuvres de pure imagination, choisissez des auteurs qui sachent peindre la vie sans rien exagérer, c'est-à-dire avec la touche du bon sens, et le tact du vrai.

Son hérésie à part, l'anglican Walter Scott a mis dans ses livres cette justesse d'idées, de sentiments et de ton qui, tout en intéressant vivement l'esprit, laissent le cœur et l'imagination dans leur assiette normale. Parmi nos romanciers actuels, Paul Féval possède aussi le don précieux d'émouvoir sans troubler ni exalter. Dans ses récits les plus attrayants, il reste vrai, naturel, honnête, profondément serein. S'il invente des faits, il copie réellement ses types ; il peint sur le vif, sans rien grandir ni rapetisser outre mesure. On dirait un observateur, suivant de haut le drame qu'il raconte avec le calme du philosophe, et la souriante indulgence du chrétien ; et cette saine impression reste dans l'âme du lecteur.

Je n'ai pas besoin de vous rappeler le danger des spectacles pour de jeunes imaginations. Je vous observerai seulement que la musique, celle surtout des théâtres et des concerts, éveille dans l'âme un enthousiasme excessif, et pousse violemment la

pensée dans les sphères du rêve. N'abusez donc
pas de cet art, et choisissez le caractère de la musique dont vous permettez l'exécution ou l'audition
à vos enfants.

Sur toutes choses, chère Henriette, habituez vos
élèves à écouter la voix du bon sens. Que l'imagination leur serve seulement à prêter des couleurs
riantes aux plus humbles détails de la vie.

Ecoutez ce qu'une jeune femme chrétienne écrivait à une jeune personne exaltée par la lecture des
romans, et dégoûtée des simples devoirs de la
ménagère.

« Les choses vulgaires vous | fatiguent,
» petite amie? S'il vous fallait y mettre la main?
» Cela m'arrive du matin au soir, et chaque jour.
» La semaine passée, affublée d'un tablier de toile,
» debout devant la table de la cuisine, en face d'oies
» à dépecer, les doigts luisants de graisse, je sou-
» riais en moi-même et je m'adressais cette ques-
» tion : — Quel moyen de poétiser les occupations
» de ce genre. Pensez-vous que j'en aie trouvé, mi-
» gnonne? Oui, j'en trouvai un : C'est de mettre à
» l'exécution de ces choses, de la grâce et de la
» gaîté. La gaîté est la fleur de l'esprit ; la grâce
» est le plus doux reflet de la beauté ; et si l'on n'a
» pas la grâce physique, tout le monde peut se
» donner la grâce du cœur. »

Ainsi mise au service de la raison, l'imagination, comme la lumière, égaie et colore toutes choses autour de nous. Elle poétise la vie. Elle aide à vaincre les répugnances, à surmonter les dégoûts. C'est la fée active et bienveillante qui visite Cendrillon dans son taudis, qui la console, et dont la baguette magique transforme en parure brillante les haillons de la pauvre douce fille, restée seule, patiemment occupée à ses humbles devoirs.

Henriette, dites à vos enfants que pour nous, chrétiens, cette bonne fée n'est pas une chimère. Elle existe, elle vient nous encourager! C'est la grâce qui nous élève au-dessus de nous-mêmes, c'est l'amour de Dieu qui surnaturalise nos actes les plus indifférents, et nous en fait des richesses pour l'éternité.

CHARLES SE MEURT !

LETTRE XLII

Madame de S. au Révérend Père de C.

Priez, mon père, priez ardemment. Charles, mon Charles se meurt ! Le croup l'a saisi cette nuit, le médecin ne donne aucun espoir. Il faut un miracle pour sauver mon fils.

Demandez à Dieu ce miracle.

Ah ! cet enfant, c'est mille fois plus que ma vie !

SURSUM CORDA !

LETTRE LXI

Le Révérend Père de C. à Madame de S.

LE FIAT DU VÉRITABLE AMOUR.

Du calme, Henriette, du calme! Vous êtes mère, mais vous êtes chrétienne aussi. *Sursum Corda!* Oh! je sens votre douleur. Elle trouble tout mon être. Pourtant je voudrais vous savoir entièrement résignée.

Lorsque Charles reçut le saint baptême, vous avez fait cette prière : — « Qu'il soit un ange ou un saint! » Dieu vous exauce; s'il vous ravit cet enfant si cher, c'est pour le sauver du danger où son âme aurait trouvé sans doute la mort éternelle.

18.

Que cette pensée vous relève. Songez à sainte Blanche, à sainte Monique, ces mères selon le cœur de Dieu, et sachez prononcer, s'il le faut, le *fiat* du véritable amour.

Prions, ma fille ; mais abandonnons le sort de notre ange aimé à la divine Providence plus tendre et plus clairvoyante que nous!

LETTRE XXXXIII

Madame de S. au Révérend Père de C.

« IL N'EST PLUS. » — DERNIER COLLOQUE. — IN-
VINCIBLE ESPÉRANCE.

MON PÈRE,

Votre dernière lettre à ma femme semble indiquer le pressentiment de notre malheur. Ce malheur s'est accompli. Charles vient d'expirer dans
mes bras.

Henriette est calme dans son abattement, sereine
au milieu de ses larmes. Il y a dans son cœur, je
ne sais quelle force surnaturelle qui, sans le ga-
rantir des plus vives émotions, la préserve de l'é-
garement.

Je suis moins ferme sous le joug de la raison.
L'extrême douleur provoque en moi de folles

colères ; il a fallu les douces paroles de notre ange envolé pour m'aider à étouffer cette révolte, et me faire courber la tête.

J'ai perdu le plus délicieux enfant que l'orgueil et la tendresse d'un père puissent rêver. Beau comme sa mère, il aurait eu comme elle une âme d'élite. Son intelligence déjà si précoce s'est prodigieusement développée aux premières étreintes de la mort : il nous a dit de ces paroles qui éternisent les regrets ; il nous arrachait de ces larmes où se mêle je ne sais quelle mystérieuse douceur.

Je ne pouvais me séparer de lui ; il me semblait qu'en le pressant sur mon cœur, je l'empêcherais d'exhaler son dernier souffle. Il se penchait à mon oreille et me disait de sa voix mourante :

— Père, je t'aime bien ; mais j'ai si peu de temps à rester ! Tu devrais me laisser à ma mère.

Je le remettais dans les bras d'Henriette, et comment vous peindre, mon père, la suavité, l'élévation de ce dernier colloque entre deux âmes angéliques ?

Etrange puissance de la foi ! Cette mère désolée ne songeait qu'à ouvrir le ciel à son fils agonisant. Elle continuait l'œuvre du prêtre qui venait de se retirer attendri, pénétré à la fois de surprise et d'admiration.

— Es-tu résigné mon enfant chéri? demandait Henriette.

— Oh! plus que résigné, mère, répondit-il. Je serais heureux si tu ne pleurais pas.

La pauvre femme essuyait alors ses larmes, qui recommençaient aussitôt à couler.

A la dernière crise, il a désigné l'endroit de la chambre où se fait la prière en commun.

— Ce soir, a-t-il murmuré avec effort, je ne serai plus là.

Enlaçant mon cou et celui de sa mère comme pour nous réunir dans le suprême baiser.

— Père, a-t-il ajouté, je te laisse ma place.

Sa tête s'est penchée sur mon épaule ; il m'avait réservé son dernier soupir !

Oh! oui, mon fils, j'occuperai ta place à l'heure de la prière, car je crois désormais à une autre vie.

Non, elle ne saurait être la résultante du jeu des organes, cette vive intelligence qui s'est dégagée plus lucide et plus libre quand l'organisme, mortellement atteint, se désagrégeait !

Charles, ton âme si aimante et si pure était vraiment un souffle divin, distinct de la matière ; la mort n'a pu le détruire, et mon âme, immortelle aussi, le retrouvera un jour.

NOTES RELATIVES A L'ÉDUCATION DE MARIE

LETTRE XLIV

Le Révérend Père de C. à Madame de S.

1° L'ÉDUCATION DANS LA FAMILLE. — OPINION DE M. V. DELAPRADE. LE CHIEN DE LA MAISON. — UN MOT DE FILLETTE. 2° AFFÉTERIE. — SIMPLICITÉ. LES DAMES QUI SAUTILLENT. — LES DAMES QUI NASILLENT, ETC. — 3° BIENVEILLANCE. — IRONIE. 4° POLITESSE. — PRÉJUGÉS MONDAINS. — LA POLITESSE A DES DEGRÉS. — IL FAUT POURTANT QU'ELLE SOIT ÉGALE. — LE CODE DES VANITEUX. — 5° APLOMB. — MODESTIE. — LA FEMME EXQUISE.

L'indifférence religieuse avait donc conduit Julien au matérialisme ? Vous me cachiez cette dernière tristesse, ma pauvre enfant ! Il a fallu la mort de Charles pour guérir à demi l'âme de son père…. car votre mari n'est pas encore chrétien !

Eh ! bien, Henriette, laissez-moi vous répéter pour votre fille ce que je disais pour vous à votre mère : Si plus tard Dieu appelle au mariage cette

enfant bien-aimée, donnez-lui un mari qui partage
sa foi. Cette première condition de bonheur vaut
à elle seule toutes les autres.

Puisque nous voilà occupés de Marie, j'écris à
son intention quelques notes. Vous allez vous consoler avec elle spécialement; Louis est encore si
jeune ! Il me reste d'ailleurs peu de choses à vous
dire sur les moyens de bien élever votre fils.

I

L'éducation dans la famille. — Je poserais
volontiers cette règle générale : Lorsqu'une mère
peut sans inconvénient faire elle-même l'éducation
de ses filles, elle doit s'en charger. On se plaint de
voir l'esprit de famille se perdre.... et l'on sépare
l'enfant de la famille, dès le premier âge. Ce procédé produit neuf fois sur dix des êtres au cœur
froid, dont l'égoïsme deviendra féroce au cours des
années.

M. Victor de Laprade a parfaitement démontré
le danger d'isoler ainsi l'enfant de ses premières
et naturelles sympathies, de le jeter, si tendre
encore, dans un milieu étranger où comme une
fleur saisie par la bise glaciale, son cœur qui s'ouvrait se repliera sur lui-même. M. de Laprade veut

drait que l'enfant pût fréquenter l'école sans s'éloigner du toit paternel, sans perdre aucune des tendresses qui commencent pour lui la vie du cœur. L'illustre poète compte même parmi les amitiés de l'enfance, celle « du chien de la maison. »

S'il peut être avantageux pour le jeune homme de fréquenter l'école sans quitter la famille, la jeune fille trouvera plus d'avantages encore à ne point fréquenter l'école lorsque sa mère sera à même de l'instruire.

Le caractère, dit-on, s'assouplit et perd ses aspérités au contact de caractères différents, comme le caillou s'arrondit en roulant sur d'autres cailloux. C'est là un bon résultat de l'éducation en commun, sans doute ; mais pour ce bon résultat, combient d'autres à craindre ! Les défauts se communiquen aussi ! Le mauvais exemple entraîne ; l'insinuation perfide fausse l'esprit ou gâte le cœur. La plus active surveillance ne pourra jamais détruire à fond ces inconvénients. Trop souvent la jeune pensionnaire prend au milieu de ses compagnes, des idées de vanité, des goûts de luxe peu en rapport quelquefois avec sa position dans le monde.

Une petite fille de neuf, ans venant en vacances, dit à sa mère : —

« Mon Dieu, maman, comme ta maison est laide et vieille ! C'est à faire peur ! Tes tentures sont fanées, les meubles communs. Si tu voyais ma pension.... C'est bien mieux que chez toi !

Lorsqu'une jeune fille sort de pension à dix-sept ans, avec des idées fausses ou des goûts frivoles, il est bien tard pour recommencer son éducation ! Il faut certainement des pensionnats pour l'instruction des jeunes filles, et il en est d'excellents ; mais les garanties qu'ils offrent à tous les points de vue, ne m'empêchent pas de préférer l'éducation faite tout entière au sein de la famille dans les cas assez rares où cette éducation est possible.

Vous garderez donc Marie auprès de vous, puisque vous avez assez d'instruction et de loisir pour l'élever vous-même.

2o — Afféterie — Simplicité —

On recommande aux junees filles, surtout à celles du Midi de soigner leur accent, de mettre quelques grâces dans leurs manières. Beaucoup suivent cet avis avec excès. L'afféterie du langage et des allures est un ridicule bien répandu !

Pour se donner... de la grâce, on voit des dames qui sautillent dans la rue comme des perruches, au lieu de marcher comme tout le monde; elles sautillent encore dans leur salon ; elles s'agitent sans cesse en de petits mouvements saccadés, brusques, — charmants, — j'en conviens, mais qui, à la longue, produisent sur le spectateur l'effet pénible d'une danse de St-Guy.

Il est aussi des dames qui nasillent volontairement ; d'autres qui articulent à peine leurs syllabes, d'autres qui grasseyent à écorcher les oreilles, d'autres qui chantent chaque phrase... tout cela dans la bonne intention de se distinguer par un bel accent.

Je connais des personnes — entre nous fort ennuyeuses — qui s'expriment toujours par sentences. D'autres, au contraire, rient toujours. On leur a dit : « Vous avez la voix argentine, le rire perlé, des dents de nacre ». Que sais-je encore ? Et jalouses de prodiguer tous ces dons de la nature, elles sèment les éclats de rire comme Petit Poucet les grains de mil. A quinze ans, passe encore... mais à cinquante !

Je ne blâme pas le désir d'être agréable ; il faut l'avoir, non pour sa propre satisfaction, mais pour celle d'autrui ; seulement, prenons la bonne voie afin d'atteindre le but. L'affectation ne plaît à personne ; on la tourne en ridicule sans songer qu'elle annonce une légitime ambition de se rendre agréable.

Exigez la simplicité, le naturel en tout. Pas d'accent étudié, pas de petits cris, pas de rires hors de propos, pas de contorsions, pas de phrases ; aucune recherche enfin ! Je répète ma devise : « Naturel et simplicité! « c'est l'unique moyen de plaire toujours et à tout le monde.

3o — Bienveillance — Ironie. —

J'ai vu des fillettes apporter en société une bien mauvaise habitude: celle de chuchoter entre elles, de rire sous cape, d'échanger des regards d'intelligence accompagnés d'un sourire furtif, le tout dans l'intention très-évidente de se moquer ensemble, soit d'une vieille personne, soit de quelqu'un manquant de tact, d'instruction, d'esprit ou de convenance.

Il y a des gens fort drôles, même dans la bonne compagnie, je le sais; on rencontre dans tous les rangs des niais ou des grotesques en présence desquels le sérieux est difficile à garder, je le sais encore ; pourtant, rire comme l'on dit « au nez » de qui que ce soit, n'en est pas moins une véritable impertinence. On doit se surveiller afin de ne pas la commettre. S'abandonner à cette pente ironique, en faire son travers favori, annoncerait, il me semble, un petit esprit, et du fiel dans le cœur. Malheureusement ce travers n'est pas rare. S'il y a nombre de gens ridicules dans le monde, on en voit trop qui se ridiculisent d'avantage, sans le croire, par leur manie de se moquer toujours.

Défendez sévèrement à votre fille ce persifflage méchant, ces rires niais, sans cause, qui font de mortelles blessures: à l'amour-propre.

A ce travers, vous connaissez le remède : la bienveillance chrétienne, cette franche disposition d'un bon cœur qui ne voudrait molester personne.

4° — Politesse — Préjugés mondains. —

La politesse a des degrés en rapport avec ceux de la hiérarchie sociale. Elle doit être néanmoins égale envers tous.

Je m'explique.

Il faut traiter chacun avec le genre de politesse qui peut lui plaire davantage.

Si vous tirez de grandes révérences à une paysanne, elle jugera que vous vous moquez d'elle; si vous l'introduisez en cérémonie dans votre salon, elle ne saura comment s'y tenir.

Voici au contraire une grande dame qui croit vous faire honneur en vous rendant visite. Tendez-lui familièrement la main comme si c'était une bonne villageoise, recevez-la dans une antichambre, dans votre salle à manger, au coin du feu de votre cuisine, sans la moindre façon; vous la choquerez; elle s'en ira furieuse, et ne remettra plus les pieds chez-vous.

On voit très-bien la différence entre la politesse dont il convient d'user envers la grande dame, et celle qui enchantera la paysanne. Seulement dans ces différentes manières de les traiter, la paysanne et la grande dame devront également sentir que vous n'avez pas d'orgueil. Votre déférence à l'égard de celle-ci, votre familiarité vis-à-vis de celle-là seront empreintes du sentiment profond de l'égalité chrétienne, ou plutôt de cette fraternité sublime que le Sauveur apporta aux hommes en les associant à sa filiation divine. Ce n'est pas l'égalité matérielle de la fortune et du rang ; c'est l'idéale égalité des âmes dans la charité et dans la vertu.

A mes yeux, la vraie politesse est l'art de ménager les amours-propres.

Dans notre siècle démocratique, bien des gens qui n'auront ni votre fortune, ni vos titres, ni votre éducation, ni votre mérite se poseront devant vous sur le pied de l'égalité. Eh bien, agissez avec eux comme si vous partagiez cette opinion. Vous n'y perdrez rien, et vous éviterez d'exciter de folles rancunes.

Au lieu de s'en tenir à cette politesse intelligente, bien des femmes croient affirmer la suprématie de leur rang par des airs de dédain, ou des procédés offensants pour ceux qu'elles jugent inférieurs. Il y a là-dessus, dans quelques milieux étroits, des préjugés vraiment singuliers. Cette surprenante étiquette n'admet point, par exemple, de reconnaître à la ville des gens que l'on fréquente à la campagne ou bien si l'on passe à la campagne, elle défend de s'arrêter pour saluer des gens que l'on fréquente à la ville. Et je ne sais combien d'autres petitesses du même genre prescrit le code des vaniteux !

N'ai-je pas entendu un homme d'esprit s'étonner qu'une jeune femme se montrât fidèle à une amitié d'enfance ?

— Et que voyez-vous d'héroïque dans cette fidélité ? demandai-je.

— Ne parlons pas d'héroïsme ; je constate que, d'après les usages de notre monde, et dans le rang où son mariage l'a placée, il semblait naturel de voir Mme X... rompre avec son amie.

— Les idées du monde, repris-je, placent donc la vanité au-dessus des meilleurs sentiments de l'âme.

— Préjugés ! répondit mon interlocuteur.

Préjugés ! à la bonne heure ; mais ne laissez jamais prendre à Marie ceux qui la rendraient sotte et sans cœur.

5° Aplomb — Modestie. —

J'étais un jour en wagon avec une dame, deux ou trois jeunes filles et plusieurs messieurs. Les jeunes filles entamèrent avec ces derniers une conversation où elles déployèrent peu d'esprit, mais une assurance qui me déplut fort. Je me disais tout bas : — « Si Marie devait avoir avant trente ans cette imperturbable assurance, mieux vaudrait qu'elle fût timide jusqu'à l'extrême gaucherie. » — On rencontre, même dans a bonne société, des jeunes filles tellement sûres d'elles-mêmes, qu'on se demande d'où peut leur venir un tel aplomb.

Est-ce orgueil, fausseté de jugement ? Non... c'est la mode ! Une vilaine mode, en vérité, qui ôte à la jeune fille son charme le plus touchant, sa plus douce vertu : la modestie.

6° — La femme exquise. —
Du temps de Mme Girardin la modestie seyait encore aux jeunes filles. Nous en avons la preuve dans ce portrait de la femme exquise, daté de 1841.

« Tout est parfait dans ses manières, point d'empressement affecté, point de dignité préméditée; sa politesse n'est ni flatteuse ni caressante, elle ne s'agite point, elle ne se récrie point; elle est calme sans être froide, bienveillante sans être doucereuse. Elle s'occupe de vous gracieusement, mais pas exclusivement. Elle n'abandonne point pour vous les premiers venus. Au contraire, elle vous initie à la conversation générale, et son influence est telle que chacun de ses amis semble vouloir aussi l'aider à vous accueillir. Dans un coin du salon deux belles jeunes filles sont occupées à broder. Elles se ressemblent, elles sont mises de même, elles ont le même regard, le même sourire, la même manière d'être aimables, la même manière d'être jolies. Qu'elles sont gracieuses, élégantes et distinguées ! *Elles ne parlent point*, mais leur sourire intelligent dit qu'elles écoutent ; elles ne font point valoir leur beauté par des poses artistiques et inspirées, mais leur rougeur, quand on les regarde, prouve qu'elles sentent qu'on les admire. Ce sont bien là les dignes filles de la femme exquise ; car le complément de la perfection de cette femme comme il faut par excellence, c'est l'éducation qu'elle a su donner à ses enfants. »

LETTRE XLV

Madame de S. au Révérend Père de C.

LA SŒUR ET LE FRÈRE — INCERTITUDE MATERNELLE.

On vous a dit vrai, mon père, Marie est charmante. Elle joint la beauté physique aux dons de l'intelligence ; elle a de plus les douces qualités qui naissent d'une piété sincère. Me voilà bien rassurée sur l'avenir de cette âme : elle sera à Dieu.

Louis m'inquiète davantage. Il a l'esprit de son père, mais aussi son caractère léger, impressionable et mobile, cette pente au scepticisme qui fausse le jugement. Par compensation, je vois en lui une générosité d'âme qui pourrait triompher de tous ces

19.

défauts si elle s'emparait une bonne fois de la volonté. Obtiendrai - je ce triomphe ? Incertitude cruelle !

Demandez à Dieu, mon père, de couronner par ce dernier bienfait, mes longues années d'application, de soins et de prières.

LETTRE XVLI

Le Révérend Père de S. à Madame de C.

LA DISCIPLINE. — L'ÉCOLE DE JEAN-JACQUES ROUS-
SEAU — JUGEMENT DES ANCIENS — CE QUE DIT
ST.-PAUL — LOI DU TRAVAIL — L'ÉTUDE CON-
SIDÉRÉE AU POINT DE VUE PHILOSOPHIQUE. —
SA NÉCESSITÉ AU POINT DE VUE RELIGIEUX ET SO-
CIAL-ARNAND D'ANDILLY — SCIPION — LES INU-
TILES. —

L'éducation, ma chère fille, ne se borne pas à
développer par l'instruction les facultés intellec-
tuelles, à former le cœur par la religion ; pour être
complète, l'éducation doit fixer le caractère d'un
enfant, sa physionomie morale, l'attitude de sa volonté.

Vous obtiendrez ce dernier résultat par la disci
pline.

A une époque comme la nôtre, où les ruines se font jusque dans les âmes par l'affaiblissement des caractères et la révolte des volontés contre toute espèce de frein, il existe pour tout éducateur une obligation plus étroite de resserrer les liens qui doivent enchaîner les jeunes générations, au bien, au vrai, à Dieu.

La discipline, d'ailleurs, est la base essentielle de l'éducation, comme elle est une des conditions premières de l'ordre social. Un esprit malade a voulu, il est vrai, en supprimer la notion, aussi ancienne que le monde, et ne donner à la vertu d'autre mobile que l'attrait et le plaisir. L'école de J. J. Rousseau a prétendu remplacer la méthode dans l'éducation par je ne sais quelle direction occulte de Dame Nature. Avec ce beau système, on obtient non des hommes, mais des sauvages.

L'antiquité, plus intelligente, plus observatrice avait proclamé d'avance la sottise de ces utopies, et la nécessité de la discipline. — Plutarque a dit : « Dans la discipline est toute la force de l'éducation. » Sénèque ajoute : « Que les enfants apprennent à obéir ; qu'ils connaissent la crainte quelquefois, et toujours le respect. Loin d'eux la mollesse de l'éducation ; que leur nourriture même soit austère, et leur vêtement simple. »

Vous retrouverez ce langage chez tous les moralistes de l'ancien monde. Loin de détruire ces grandes maximes, le Christianisme nous enseigne que la vraie liberté de l'homme consiste dans l'empire de la volonté sur les instincts. Aussi, tout protestant qu'il fut, Guizot a rendu cet hommage au catholicisme de le proclamer « la plus grande école de l'obéissance et du respect. »

Savoir maîtriser ses passions, commander aux sens, éternels ennemis de l'esprit, se tenir debout sous le poids du malheur, résister aux séductions dont le cœur est assailli, se courber avec respect devant toute loi sainte, voilà la vertu et tout à la fois la noblesse de l'homme.

Corneille a excité un juste enthousiasme quand il a mis dans la bouche d'Auguste ces vers fameux :

> Je suis maître de moi comme de l'univers
> «O siècles ! ô mémoire ! »
> « Conservez à jamais ma dernière victoire! »

Le sublime poëte a placé l'expression de l'héroïsme chrétien sur des lèvres païennes.

Ce triomphe de la raison et de la volonté, vous le préparerez à votre fils, si vous savez assouplir à la règle ce cher enfant.

La discipline est l'apprentissage de la vie sociale et religieuse où la loi est toujours debout devant l'homme, qui le sauve, s'il obéit ; contre laquelle il se brise, s'il résiste.

Elle est la voix qui crie à chaque heure de la journée : « Voilà le devoir. » Elle est la chaîne que le jeune homme rencontre à chaque pas pour le retenir et lui dire : « Arrête-toi. »

Au temple saint la règle veille sur le recueillement ; en étude, elle veille au travail assidu, au silence qui favorise l'attention. En récréation, elle punit la licence, active les jeux, maintient les bonnes manières.

Soyez vous-même cette discipline vivante, Henriette, et que votre surveillance ne se démente jamais. Seulement, n'oubliez pas de faire comprendre à vos enfants la nécessité, l'importance de cette sujétion continuelle au devoir. Expliquez-leur la parole de saint Paul : « — Toute discipline renferme pour le présent plus de larmes que de joie ; mais plus tard elle produira des fruits abondants de justice à ceux qui l'auront pratiquée. »

Plus vous serez ferme à maintenir votre fils dans l'ordre, plus vous lui rendrez facile la régularité du travail, l'obéissance, l'habitude d'être toujours *bien*. Si quelquefois vous avez à lutter contre le caprice ou les révoltes de l'orgueil, plus tard, soyez-en sûre, ce bien-aimé rebelle vous bénira d'avoir su lui procurer, malgré lui, la libre possession de lui-même.

L'heure des sérieuses études a sonné pour Louis.

Dites à ce cher enfant que l'éducation chrétienne regarderait comme une impiété de négliger la science, la plus grande chose après la vertu.

La sainte loi du travail est la même pour tous ; l'objet seul diffère.

Au plus grand nombre le travail manuel qui féconde la terre ou produit les merveilles de l'industrie. Ce travail, que Louis ne l'oublie pas, a été consacré, *divinisé* par l'exemple de Jésus-Christ.

Pour d'autres, le travail consiste dans cet effort de l'esprit humain qui soulève lentement le voile de la vérité ; c'est *l'étude* sous ses formes diverses.

Poursuivre la *vérité* c'est aller à Dieu, car la vérité n'est qu'un reflet de la beauté divine. De ce principe résulte pour tous les hommes l'obligation de s'instruire, suivant leurs facultés et leur condition

« L'homme, a dit admirablement Pascal, est un roseau pensant. »

Laisser dépérir dans l'ignorance volontaire la plus haute partie de nous-mêmes serait violer la première loi de notre création.

Nous sommes faits pour connaître Dieu ; et nous arrivons à ce but par la culture de la raison et de l'intelligence.

Jésus-Christ nous l'a clairement dit dans l'Évangile. — « Negotiamini talentum. » Faites valoir votre talent. » Et vous savez la sentence prononcée contre le dépositaire indocile ? On le jette pieds et poings liés dans les ténèbres.

La Lumière, la Sagesse infinie, le Maître de la science pouvait-il tenir à l'homme un autre langage ?

Mais l'expérience humaine parle dans le même sens. Si l'Évangile nous fait de l'étude un devoir religieux, l'histoire et l'observation nous apprennent qu'elle n'est pas moins obligatoire au point de vue des intérêts sociaux.

« Le succès est en définitive au travail et à la persévérance » disait à son fils un anglais célèbre, William Pitt.

En dépit de quelques succès de hasard, ce mot reste vrai. Les études sérieuses sont la base de tout succès durable. Il faut du reste rendre cette justice à notre siècle. Il a l'estime du travail, le respect pour tous les efforts de l'activité humaine. Jamais on ne s'est incliné plus volontiers devant les supériorités de l'intelligence, jamais on n'a rendu au savoir meilleure justice.

Que Louis ne se laisse donc pas décourager par les difficultés ou la fatigue : Le succès est au bout, c'est-à-dire les moyens d'être utile.

D'ailleurs le devoir d'apprendre n'est pas imposé seulement à la jeunesse. Il dure toute la vie. Arnault d'Antilly, que l'on a surnommé le Grand Arnault, travaillait encore avec ardeur, à quatre-vingts ans. — « Mais, lui disait-on, vous ne vous reposez donc jamais? — «J'ai l'éternité pour cela » — répondait-il.

Un auteur ancien a dit de Scipion : « Il exerçait son corps par les dangers, ou son esprit par la science. »

Demandez à Louis s'il veut suivre ces grands exemples, que l'on pourrait multiplier à l'infini, ou s'il préfère ressembler à cette génération sans corps ni âme, qui attache tant d'importance à un nœud de cravate ou à la coupe d'un gilet. Voudrait-il copier ces jeunes gens qui s'efforcent de n'avoir plus rien de français, jaloux d'imiter la raideur insulaire, et fiers de marmotter les termes barbares du sport.

Ah ! s'ils gouvernaient l'Etat, ces inutiles se montreraient dignes des grands jours de la décadence romaine, et comme Caligula, ils décerneraient à leur cheval le titre de consul?

Là-dessus, bonjour Henriette. Laissez-moi espérer que notre Alcibiade n'en viendra jamais à couper la queue de son chien.

LETTRE XXXXVII.

Madame de S. au Révérend Père de C.

DOCTEUR! ON DIRAIT UN PERSONNAGE.

Grand succès, cher oncle! Ma mère veut me laisser le plaisir de vous l'annoncer.

Louis, deux fois bachelier, et licencié, vous le savez bien, a été reçu hier docteur ès-sciences avec mention honorable.

On fait queue, *littéralement*, à notre porte, pour venir nous féliciter.

Nous sommes tous dans la jubilation!

Mon frère ressemble tout à fait à un personnage; c'est à peine si j'ose maintenant l'embrasser, moi, son humble, son ignorante petite sœur!

Bonsoir, cher oncle, je vous écris à la hâte comme une personne qui a la tête un peu tournée.

L'essentiel, c'est que de loin, vous soyez joyeux avec nous.

Il est bien permis de vous embrasser dans les grandes occasions, je suppose? Aussi je le fais hardiment.

Votre

Marie.

MISSION DU JEUNE HOMME DANS LE MONDE

.

LETTRE XLVI

Le Révérend Père de C. à Madame de S.

LA JEUNESSE. — SA PUISSANCE. — UNE IMAGE DES ANCIENS. — HORACE. — SÉNÈQUE. — APOSTOLAT DE L'EXEMPLE, DE LA PAROLE, DE LA CHARITÉ. — FRÉDÉRIC OZANAM. — L'ESPRIT D'INDÉPENDANCE. — LICENCE ET LIBERTÉ. — TROIS AUTORITÉS SACRÉES : L'ÉGLISE, LA FAMILLE, LA PATRIE. — DEUX MOTS DE MONTALEMBERT.

Vous voilà donc, cher Louis, à la fin de vos études, et pourvu de nombreux diplômes. L'œuvre de vos maîtres est terminée ; votre œuvre personnelle commence.

Vous êtes, cher ami, au moment le plus heureux de l'existence. On l'a dit avec raison, la jeunesse est l'épanouissement de la vie. Elle ressemble à cette heure charmante où la nuit replie ses voiles, où le soleil se lève radieux, heure pleine de lueurs mystérieuses, de clartés éblouissantes, de parfums pénétrants, de rayons qui réchauffent et vivifient la nature.

Cette heure du réveil où l'âme de toutes choses semble s'agiter et venir à la surface, c'est la jeunesse du jour; c'est aussi la jeunesse de l'homme, De là son attrait et sa beauté; de là cette trace profonde qu'elle creuse dans la mémoire, et qui a fait dire au poète: « *Est meminisse voluptas!* Il y a du bonheur à se souvenir. »

De là surtout la puissance de cet âge. La jeunesse est puissante par la surabondance de sa sève, par l'ardeur de son âme, la fraîcheur de ses espérances, la richesse intacte de ses illusions. Elle est puissante par le charme et la joie qu'elle répand autour d'elle; mais elle l'est surtout par son besoin d'expansion. A ce point de vue on peut dire que son influence est irrésistible.

Les anciens, ces grands observateurs de la nature, parlent sans cesse de la *fleur* de la jeunesse. Délicate image qui revêt une idée bien juste.

La fleur n'agit pas seulement sur le regard par sa riche couleur; elle envoie à chaque instant de sa durée des parfums d'une suavité pénétrante et d'une telle puissance de divisibilité, que la science ordinairement si froide en face du beau, s'est émerveillée de ce problème.

Telle est la jeunesse.

Il faut qu'elle rayonne, qu'elle envoie au loin ses parfums intérieurs. Elle a la passion du prosélytisme.

Mais quel sera le but de cette infatigable activité?

Ah! cher enfant, plusieurs vous diront: — « La jeunesse appartient aux plaisirs. » Il y a deux mille ans, Horace tenait ce langage à la jeunesse corrompue de Rome. Sénèque répondait à ce précepteur du vice. « — Vous voulez que je vive le front courbé? Je suis trop grand, et destiné à de trop grandes choses. »

Votre mission est grande en effet, mon ami. Un jour, dans une grande assemblée, une voix autorisée appela cette mission un *véritable sacerdoce!*

Plus d'une fois, sans doute, vous avez admiré le jeune homme qui brise en pleurant les liens sacrés de la famille pour aller aux pays lointains mourir inconnu en semant la parole de vie.

Cela est grand et beau, en effet; mais c'est une vocation exceptionnelle; ce n'est pas la vôtre. Dieu ne vous a pas dit: — « Oublie la maison de ton père. »

Sa providence vous a confié un autre apostolat;

vous l'exercerez dans le monde par l'exemple, par la parole, par la charité.

Pendant qu'il faisait à Paris ses études de Droit, un homme illustre, Frédéric Ozanam, gémissait de voir autour de lui l'isolement des bons et l'entente des méchants pour contribuer à la ruine de la foi et de la vertu dans le monde. — « Où sont, se demandait-il, les apôtres qui ramèneraient le siècle? » Un jour promenant ses regards sur la jeunesse des écoles qui l'environnait, une idée brilla dans son esprit: « — Les voilà! » s'écria-t-il.

Les missionnaires étaient trouvés.

Peu d'années après, non-seulement Paris, mais la France et l'Europe admiraient la grande œuvre des conférences de Saint-Vincent de Paul.

Je ne dois pas vous le cacher, mon ami, en entrant dans le monde vous allez trouver au seuil de la bonne voie, un ennemi dangereux: l'esprit d'indépendance. C'est la grande erreur de la jeunesse, c'est le mal du siècle. Vous aussi, vous l'éprouverez; vous aussi, vous serez tenté de secouer le double frein de la raison et de la foi pour donner la direction de votre vie à cette soif de jouir qui, à proprement parler, s'appelle *l'égoïsme*. Vous aussi, vous croirez briser le joug en suivant l'entraînement tyrannique des passions et des convoitises. Mais réfléchissez avant de vous livrer à ce

courant. La liberté n'est pas la licence. L'homme
reste toujours libre de choisir entre le bien et le
mal. Il garde à sa discrétion son bonheur ou son
malheur. Mais il ne saurait se rendre indépendant
de sa fin qui est Dieu même; s'il s'en éloigne, il
tombe nécessairement dans la dégradation physique
et morale.

L'Evangile a divinement caractérisé cette révolte
dans la parabole de l'enfant prodigue. Le fils ingrat
poursuit également ce rêve insensé: — Être libre!
S'affranchir du devoir! — Vous savez à quel ignoble
esclavage le conduit sa triste indépendance?

Il y a dans le monde, mon enfant, trois autorités
sacrées dont vous devez rester l'esclave volontaire:
l'Eglise, la famille, la patrie.

L'Église commande aux âmes par l'autorité de
Dieu même. Elle sait, elle donne la raison des
devoirs et des droits. L'Église vous a reçu dans
ses bras à votre première heure; elle vous suivra
tout le long de la vie pour vous soutenir et vous
éclairer; elle sera debout à votre chêvet funèbre,
pour vous montrer le ciel.

« L'Église, c'est ma mère, » s'écriait Montalembert à la tribune. Jamais homme ne porta plus
fièrement son drapeau que ce chrétien illustre. Un
jour, dans une voiture publique, ses compagnons
de voyage lui demandent la permission de fumer. —

« Oui, messieurs, répondit-il, mais à votre tour, permettez-nous de réciter le chapelet. »

Vous êtes généreux et loyal, mon ami; je n'ai donc pas besoin de vous prémunir contre le respect humain, qui est une lâcheté.

Prenez garde plutôt à ces pernicieuses doctrines qui, sous prétexte de moralité, veulent détruire la famille, et sous couleur de philanthropie, ôter au mot de *patrie* sa magique puissance.

Soyez un chrétien fidèle à ses convictions, un fils respectueux de l'autorité paternelle, de la sainteté du foyer; un citoyen dévoué aux intérêts de son pays.

Pour vous déterminer, regardez auprès de vous le jeune homme sans croyance, sans cœur, sans idées, usé par l'abus des plaisirs, ennuyé de la vie, à charge à lui-même, et s'il lui reste quelque activité, la dépensant à poursuivre et haïr tout ce qui le fait rougir de sa propre déchéance.

Regardez ce malheureux, et votre choix sera fait.

L'ESPRIT DE FAMILLE

LETTRE XXXXIX

Le Révérend Père de C. à Madame de S.

ENTRÉE DANS LE MONDE. — DANGERS. — COUPABLES MAXIMES. — L'ANTIQUITÉ PLUS SAGE. — UN ENFANT ABANDONNÉ.

Votre tâche n'est pas finie, Henriette.

Voilà votre fils bachelier, le voilà docteur ès-sciences; le voilà faisant son entrée dans le monde avec le prestige du nom, de la fortune, de l'intelligence et du savoir. C'est plus que jamais le moment de veiller sur lui.

Je vous étonne, peut-être?

Mais songez donc: c'est l'heure où l'autorité de ses parents elle-même semble lui dire: — « Mar-

che seul; tu es émancipé. » En même temps la discipline, la règle qui a présidé à son éducation, se
retire, et laisse au jeune homme le libre emploi de
son temps. D'un côté, tous les appuis, tous les freins
disparaissent à la fois; de l'autre, le monde, les
passions, l'attrait du plaisir guettent cette proie
nouvelle. Votre fils en sera circonvenu de toute
manière, la tentation assiégera tous ses sens; le
poison s'infiltrera par tous ses pores. Et vous seriez
tranquille, Henriette? Et vous ne feriez absolument
rien pour empêcher Louis d'être vaincu! Vous
l'abandonneriez sans souci à l'ornière commune?
Mais pour aboutir à ce résultat, valait-il la peine
de cultiver avec des soins si particuliers cet enfant
qui va s'empresser d'être un homme vulgaire!

Oh! non, Henriette, cette coupable indifférence
ne saurait entrer dans votre cœur maternel. Avouons
le pourtant, hélas! elle est bien répandue. Combien de fois n'avez-vous pas entendu ces axiomes
absurdes:

— « Il faut faire la part du feu. Il est bon qu'un
jeune homme apprenne la vie à ses dépens. Lais-
sons le jeune coursier épuiser sa fougue. »

Et l'on ferme les yeux.

S'il n'ose répéter ouvertement ces déplorables
maximes en présence de son fils, le père insinue à
demi-mots, ou simplement par un silence expressif

sa funeste indulgence. La mère, persuadée que tel est le cours fatal des choses, se résigne et se tait.

Le jeune homme se précipite dans le désordre avec une ardeur souvent d'autant plus grande qu'elle a été plus longtemps contenue.

Coupable erreur des parents! Détestable complicité! L'antiquité païenne était plus sage. Horace lui-même a dit: — « Otez le lien, et la nature brise le frain et se précipite vers la jouissance. » — «C'est l'ardente jeunesse qui a le plus besoin d'être gouvernée, observe Sénèque. Son malheur, c'est d'être esclave de sa propre fougue. »

Non, mon enfant, il ne faut pas abandonner le jeune homme à l'heure où toutes les séductions vont l'assaillir à la fois. Il est indispensable au contraire, de le suivre et de l'aider dans cette épreuve décisive. La famille doit s'empresser autour de lui avec plus de sollicitude et de tendresse que jamais. Surveillance du père, amitié de la sœur, conseils, doux avertissements de la mère. Prières et larmes même, si le danger apparaît!

Qui donc résiste aux larmes d'une mère?

Le mot qui rendit l'espérance à Ste Monique, sera toujours vrai: « Le fils de tant de larmes ne saurait périr. »

Resserrez par tous les moyens possibles le lien si fort et si doux qui rattache le cœur humain au foyer.

J'ai rencontré, il y a quelques années, un jeune homme de vingt-six ans, usé par une vie sans frein. Se voyant mourir, il jetait sur son passé un regard douloureux. L'esprit de famille lui avait manqué par la faute des siens; tout jeune encore, on l'avait éloigné du toit paternel, et quand les circonstances l'y ramenaient, il n'y trouvait pas cette atmosphère de bienveillance, de dévouement, d'amour, de paix, de gaité sereine qui laisse dans l'âme d'ineffaçables impressions. Pourtant, le penchant naturel de son cœur l'inclinait vers cette douce image du foyer.

Un jour, blessé de quelque remontrance trop sévère, il se dit qu'il avait l'âge d'homme, qu'il pouvait se suffire à lui-même, et vivre seul.

On le laissa partir.

Durant cette première journée l'enfant prodigue parvint à se distraire. Mais la nuit vint. Il se retira tard, dans sa petite chambre d'hôtel. Alors, la solitude l'étreignit au cœur; le souvenir de la famille absente apporta dans tout son être comme un déchirement terrible. Il pleura jusqu'au matin.

« Ah! me disait-il, si ma mère était venue, je me serais jeté dans ses bras. J'aurais été sauvé. »

Mais la famille oublia sa tâche, et le monde fit la sienne. Ce jeune homme, plein d'intelligence, plein de cœur, mourait à vingt-six ans, après avoir

gaspillé dans le désordre, la révolte et le blasphème les dons de l'âme et les forces du corps.

Cette histoire si poignante et si vraie, on la retrouverait à chaque pas, si l'on prenait la peine
d'étudier les tristes résultats que produit, dans la
société actuelle, l'oubli des devoirs et de l'esprit de
famille.

Henriette, songez-y.

LETTRE L

Madame de S. au Révérend Père de C.

LA FLEUR AU PAPILLON. — TRISTE PRESSENTIMENT.

Cher Père,

Ils sont partis tous les deux, Julien et Louis. Ils ne nous reviendront que dans un an. Ce long voyage autour de l'Europe est la récompense promise aux succès de mon fils dans ses examens.

A la dernière heure, Julien s'est décidé à l'accompagner. J'en suis heureuse sans beaucoup compter pourtant sur la claivoyance d'un Mentor en maintes occasions qui réclameraient l'œil d'une mère.

Le voilà donc libre, ce cher enfant! Plus de regard sévère arrêté sur chaque action, plus de réglement minutieux à observer, rien qui limite et comprime les élans de sa nature. Papillon léger, il va déployer ses ailes, et voler au gré de son caprice.

Ah! je suis tentée de murmurer tristement ces vers délicieux de Victor Hugo, le grand poëte déchu :

« La pauvre fleur disait au papillon céleste :
｜« Ne fuis pas !
« Vois comme nos destins sont différents : Je reste,
« Tu t'en vas !

« Pourtant nous nous aimons, nous vivons sans les hommes,
｜« Et loin d'eux.
« Et nous nous ressemblons, et l'on dit que nous sommes
« Fleurs tous deux.

« Mais, hélas ! l'air t'emporte et la terre m'enchaîne;
« Sort cruel !
« Je voudrais embaumer ton vol de mon haleine
« Jusqu'au ciel.

« Mais non, tu vas trop loin. Parmi des fleurs sans nombre
Vous fuyez ;
« Et moi je reste seule à voir tourner mon ombre
« A mes pieds.

« Tu fuis, puis tu reviens, puis tu t'en vas encore
« Luire ailleurs.
« Aussi me trouves-tu toujours à chaque aurore
« Tout en pleurs.

« Ah ! pour que notre amour coule des jours fidèles,
              «O mon roi !
« Prends comme moi racine ou donne-moi des ailes
          « Comme à toi !

Oui père, je suis triste... Triste de l'absence, mais surtout de la pensée que ce voyage va détruire l'œuvre de ma tendresse dans l'âme indécise de Louis.

LETTRE LI

Le Révérend Père de C. à Madame de S.

L'EXEMPLE DU PÈRE — PAYER DE SA VIE? OU NON !

Cher Oncle,

Depuis le retour de nos chers voyageurs, ma mère ne pouvait nous cacher entièrement sa tristesse. Elle s'efforçait de paraître gaie, et quand nous lui reprochions sa mélancolie involontaire, elle la mettait sur le compte de la souffrance physique. En effet, sa santé déclinait visiblement. Je devinais la cause de cette douleur secrète. Mon père aussi l'avait devinée ; j'en eus la preuve hier.

C'était au milieu de l'après-midi. Mon père et mon frère se promenaient dans une allée du jardin voisine du berceau de charmille où je vais passer chaque jour mon heure de lecture pendant la belle saison. J'étais à portée de les entendre et même de les voir.

Après un assez long silence que Louis essaya vainement de rompre à plusieurs reprises, mon père dit brusquement :

— Louis, ta mère souffre.

— Je m'en suis aperçu comme vous.

— Son visage s'altère ; l'as-tu remarqué?

— Oui, père, et avec chagrin.

— Soupçonnes-tu la cause de cette perturbation morale et physique ?

— Non, mon père, en vérité.

— Je la sais, moi, non qu'elle me l'ait dite , mais je connais à fond cette âme... Avant tout, ta mère est chrétienne. Le but de sa vie a été de rendre ses enfants chrétiens. Manquer ce but pour elle, c'est la mort. Entends-tu, Louis ?

— Je vous entends sans trop vous comprendre encore, mon père.

— Eh ! bien, il y a dans tes allures je ne sais quoi qui indique le mal du siècle : cette fatale révolte de l'esprit contre la foi. Aurais-tu prononcé devant ta mère quelque parole imprudente pour confirmer ses craintes à ton sujet ?

— Non, mon père.

— Pourquoi donc ne pas la rassurer tout à fait

par la pratique religieuse? Si tu as conservé la foi, il est logique d'en observer les préceptes. Et quand il s'agit du bonheur, de la vie d'une mère...

— Louis s'arrêta brusquement au milieu de l'allée

Père, dit-il d'une voix émue, vous ne demanderez pas à l'amour filial un miracle que votre tendresse conjugale n'a pu réaliser en vous-même depuis longues années? j'adore ma mère, mais je ne saurais m'avilir afin de lui épargner un mécompte : Comme vous, mon père, *j'ai perdu la foi.*

Hélas! ce pauvre père! Il pâlit comme s'il eût reçu un coup de poignard dans le cœur. J'allais m'élancer vers lui, mais le bruit sourd d'une chute à côté du berceau, m'arracha un cri d'épouvante.

Accourus tous les trois, nous avons relevé ma mère tombée sans connaissance derrière un massif de laurier : Elle avait tout entendu.

Elle est très-mal, cher oncle, il y a danger, le médecin ne le cache pas.

Du reste, elle a voulu se préparer à la mort ; on vient de lui administrer les derniers sacrements.

— Dieu, d'abord, nous a-t-elle dit ; vous ensuite, mes bien-aimés.

Mon père est auprès d'elle aussi pâle, aussi rigide qu'une statue de plâtre.

— Aujourd'hui seulement, a-t-il dit au prêtre, j'ai senti tout ce qu'elle a pris de mon âme.

Il y a quelques instants à peine, du seuil de la chambre, j'ai surpris ce lambeau de conversation :
— Julien, une recommandation au sujet de Marie. Si Dieu appelle ma fille à rester dans le monde, jure-moi de ne confier son bonheur qu'à un vrai chrétien.

Mon père est demeuré un moment sans répondre.
— Henriette, a-t-il dit ensuite avec émotion, ne pensez-vous pas qu'une femme chrétienne gagne toujours à Dieu l'âme de son mari?

— Sans doute a répondu ma mère en soupirant ; mais il faut quelquefois payer cette rédemption de sa vie.

Payer de sa vie ! Oh non ! J'offrirai la mienne, et Dieu nous épargnera ce deuil !

LETTRE LII

Le Révérend Père de S. à Madame de C.

UN VŒU. — DOUBLE JOIE. — ENTRE DEUX SACRIFICES.

Bonne nouvelle, cher oncle ! Ma mère va mieux, c'est-à-dire elle est guérie.

Peu de jours après sa terrible secousse elle était assez forte pour demeurer assise quelques heures dans un fauteuil.

Un beau soir (oh ! bien beau) je trouvais mon frère agenouillé devant elle, tous deux pleurant et souriant à la fois. —

Approche, Marie, me dit ma mère. Nous venons faire un vœu de auquel tu voudras certainement t'associer. C'est un vœu à la sainte Vierge.

— Vraiment, m'écriai-je. Faudra-t-il se rendre

à pied, en mendiant, jusqu'à la chapelle de Lorette? Je pars à l'instant.

— Ne ris pas, chérie, reprit ma mère en riant elle-même. Nous irons à la chapelle de C... non à pied, mais en voiture, et nous aurons le bonheur de communier tous les trois ensemble pour remercier Dieu d'avoir rendu un fils à sa mère, et une mère à ses enfants.

Le pèlerinage a eu lieu, cher oncle.

Au moment de la communion sachant ma mère faible, je m'avançais vers elle pour la conduire à la table sainte. Mon père se leva, lui offrit son bras pour appui, et s'agenouilla près d'elle au banquet divin.

Ah ! quelle ineffable surprise ! et quel beau jour que celui d'une conversion ! Quelle céleste allégresse ! Ah ! la joie des anges du ciel a bien son écho dans la famille.

Le bonheur de mon père est inexprimable. Cette nature d'artiste, déjà si sensible au côté poétique de la religion, est comme pénétrée de la sublimité de nos dogmes, comme enivrée de leur douceur. Parfois à certaines lectures l'émotion le gagne ; il cherche la solitude pour se livrer à des méditations qui le transportent.

Je l'ai surpris hier assis à l'ombre dans le parc

le front penché, les yeux humides, un livre ouvert sur les genoux.

Il me regarda avec un bon sourire et me tendit la main.

— Ta mère m'appelle son *Saint Jérôme*, dit-il.

Je ne sais pourquoi cette parole gaie me rendit plus sérieuse.

— Vous comprenez donc mon père les *charmes du désert* ? lui répondis-je. Si dans votre maison, quelqu'un rêvait à ces charmes, et...

Il m'interrompit avec violence, son visage se contractait.

— Assez, dit-il, je comprends, mais c'est trop fort pour moi. Je suis au-dessous d'un pareil sacrifice. Ne voyez-vous donc pas ma faiblesse ? Imprudents ! Voulez-vous déjà me faire trouver Dieu sévère.

— Non, non, m'écriais-je, non, vous n'aurez jamais à pleurer par ma faute. Dieu m'appelle à vivre pour lui seul, je le sens, et je devais vous le dire ; mais je ne vous quitterai point malgré vous ; je vous le jure, mon père, j'attendrai que vous me disiez vous-même : — Tu peux partir.

Ai-je mal fait de me soumettre ainsi ? Je ne le crois pas. Entre deux sacrifices, Dieu préfère sans doute celui où l'on garde toute la douleur pour soi.

LIII

Madame de C. au Révérend Père de S.

ÉCRIVAIN. — ORATEUR — DOUX SUCCÈS. — « TOI AUSSI SOIS HEUREUX. »

La renommée de Louis n'est-elle pas arrivée jusqu'à vous, cher oncle ? Elle a fait rapidement, je vous l'assure, le tour de notre arrondissement. Voilà mon illustre frère écrivain distingué ; il a fondé un journal, et soutenu de sa plume une polémique victorieuse ; orateur applaudi, il a parlé avec succès au cercle catholique, et dans plusieurs réunions électorales ; nos amis ne l'appellent plus que : — « notre futur député. » Il déploie au service de la bonne cause religieuse et politique une verve, un entrain, un brio éblouissants. Il entraîne, dit-on, et il captive. Toute la contrée admire ce beau jeune homme si brillant, si cordial et si actif.

Jugez si ma mère est heureuse !

Le meilleur succés de Louis, soit dit entre nous, cher oncle, le voici : M. de V. dont vous connaissez la fortune et les hautes relations, est venu tout carrément proposer à mon père une double alliance entre nos familles.

Mon père a déclaré que, pour moi, j'avais renoncé au mariage.

Faire cette réponse de lui-même, ce cher père, sans même essayer de me convértir aux idées de M de V. ! Cela m'a paru sublime.

Quant à Louis, admirateur discret de Mlle Blanche de V. il nage dans la joie. On l'a autorisé très-officiellement à poursuivre cette belle conquête. I y met, je vous jure, toute son âme, et le cœur de la gracieuse fée me parait bien ébranlé déjà.

Mon père adore dès maintenant sa future belle-fille.

Hier au soir, nous étions seuls, ce cher père et moi, sur la terrasse du château de V. , à regarder circuler des groupes d'invités sous les ombrages du parc dorés par le soleil couchant. Blanche et Louis passèrent devant nous, se donnant le bras, aussi radieux l'un que l'autre.

Après les avoir suivis du regard, mon père m'embrassa. Mes yeux se remplirent de larmes; les siens aussi. Il y eut entre nous un de ces longs silences qui disent tant de choses. Enfin, mon père me baisa au front, et murmura à mon oreille :

— Toi aussi, tu as le droit d'être heureuse, mon enfant : Quand *elle* sera venue, *tu pourras partir.*

FIN

TABLE DES MATIÈRES

PREMIÈRE PARTIE

CONDITIONS DU MARIAGE CHRÉTIEN

LETTRE PREMIÈRE

Pages

COMMENT SE FAIT UNE PROPOSITION DE MARIAGE — UNIONS COMMERCIALES — APPORT MUTUEL — BONHEUR DOMESTIQUE — SES CONDITIONS : — LIBERTÉ ÉGALITÉ, SYMPATHIE, OU BIEN : LIBERTÉ, JUSTICE, AFFECTION. — IMPRUDENCE DES PARENTS. — AFFECTIONS BRISÉES. — LIBERTÉ DE LA VOCATION. — DIFFÉRENCE ENTRE LE CÉLIBAT DE L'HOMME ET CELUI DE LA FEMME. — LA TANTE. — VOCATION RELIGIEUSE. — MARIAGE SANS VOCATION..... 5

LETTRE II

« RASSUREZ-VOUS, JE SUIS LIBRE. » LE RÊVE DE-
VENU RÉALITÉ. — L'IDÉAL PASSÉ DE MODE. —
ON SE RENCONTRE EN VILLEGIATURE. — APPRÉCIÉE?
IL LE FAUT. — ADMIRÉE ? A QUOI BON...   26

LETTRE III

ÉGALITÉ MORALE. — LA FOI AU BIEN. — TRISTE
INITIATION. — L'HOMME DU SIÈCLE. — SCISSION
DOULOUREUSE ENTRE LES AMES. — DÉCHÉANCE
MORALE DE LA FEMME. — L'INÉGALITÉ DES DE-
VOIRS PRATIQUÉE SINON PROCLAMÉE. — CONSÉ-
QUENCES. — QU'EST-CE QUE CETTE IDYLE?.   30

LETTRE IV

POURQUOI TANT DE POLITIQUE? — PLUS TARD, TROP
TARD. — ENTENDONS-NOUS SUR LA DEVISE EN-
TIÈRE : LIBERTÉ, ÉGALITÉ, FRATERNITÉ. — L'INS-
TINCT DE LA PEUR. — LES COUPS DE FOUDRE
FLUIDE POSITIF, FLUIDE NÉGATIF. — UN TRAIT DE
BRAVOURE. — LES HOMMES DE CŒUR QUI ONT
BON CŒUR. — AU MOIS DE MARIE.......   38

LETTRE V

L'HARMONIE DES AMES. — ESSOR DE L'AME RELIGIEUSE. — FATALE DÉPRESSION DE L'AME SANS LA FOI. — L'ISOLEMENT MORAL. — ANGOISSES DE LA FEMME CHRÉTIENNE. — DRAME LUGUBRE DE LA DERNIÈRE HEURE AU CHEVET DE L'INCRÉDULE. — LA MORT DU CHRÉTIEN N'EST PAS UN DEUIL.. 45

LETTRE VI

QUE FAIRE ? — UN ÉCLAT A REDOUTER. — UN CŒUR A MEURTRIR. — QUESTION BRULANTE. — RÉPONSE AMBIGUË........................ 51

LETTRE VII

IMPORTANCE DU DÉSACCORD SUR LES PRINCIPES RELIGIEUX. — ABSTENTION DU PÈRE DANS L'ÉDUCATION RELIGIEUSE DES ENFANTS. — HOSTILITÉ A CRAINDRE. — QUI L'EMPORTERA DU PÈRE OU DE LA MÈRE, SUR L'ESPRIT DES ENFANTS? — LE FILS ÉGARÉ, DEUX FOIS PERDU POUR SA MÈRE.. 54

LETTRE VIII

IMPOSSIBLE DE RÉPARER UNE IMPRUDENCE. — IL EST TROP TARD.............................. 59

LETTRE IX

PRÉTEXTES FUTILES. — DANGERS SÉRIEUX...   61

DEUXIÈME PARTIE

DEVOIRS DE LA JEUNE FEMME

LETTRE X

L'ANGE DU BON SECOURS, L'ANGE DE CONSOLATION, L'ANGE DE BON CONSEIL.— OBÉISSANCE. — EXEMPLE DE LA VIERGE MARIE. -- SUJÉTIONS, DOUX EMPIRE. — LES RÉVOLTÉES. — LA FEMME AU GOUVERNAIL. — ELLE DOIT IMITER LA PROVIDENCE. 63

LETTRE XI

COUP D'ESSAI. — SE COMPRENDRE. — IL FAUT ÊTRE UNE INTELLIGENCE, UNE AME. — ART DE CHASSER L'ENNUI. — LA FEMME, CŒUR DE L'HUMANITÉ. — SE FAIRE AIMER. — INFLUENCE D'UN HEUREUX CARACTÈRE. -- GAITÉ. — SÉRÉNITÉ. — LES

COUPS D'ÉPINGLE. — LE TOIT QUI DÉGOUTTE. — POSSESSION DE SOI-MÊME. — HISTOIRE D'UN VIRTUOSE. — MAXIMES DE MADAME LOUISE DE FRANCE.............................. 69

DEVOIRS DE LA JEUNE FEMME

LETTRE XII

L'IDÉAL DU SACRIFICE. — DOUBLE ASPECT DE LA VIE. — L'ÉGOISME ET L'AMOUR. — L'OISEAU BLEU — UN SOUPIRE ALARMANT. — L'INTÉRIEUR DU POËTE X. --- AME POUR AME............ 81

DEVOIRS DE LA JEUNE FEMME

LETTRE XIII

DUCS DE BOURGOGNE A LEUR COUR DES COMPTES. — LE BILAN DU MÉNAGE. — MA BELLE MIGNONNE! MINISTRE DES FINANCES. — MON CHEF DE BUREAU — BUDGET ÉQUILIBRÉ. — MADAME POT-AU-FEU. — REVANCHE EN POLITIQUE. — SECOND COUP DE TÊTE. — LA LEVRETTE DE SALOMON ET LA COLLERETTE DE LA REINE DE SABA. — L'ESPRIT CONTRE LE CŒUR. --- L'ARME INVINCIBLE. 93

MISSION DE LA FEMNE CHRÉTIENNE

LETTRE XIV

LA FEMME DOIT SANCTIFIER L'HOMME. — MOT D'UN
GRAND ORATEUR. — LA FEMME PRÊTRE DANS LA
FAMILLE. — CE QU'EN DISENT LES LIVRES SAINTS. —
LA FEMME CATHOLIQUE. — SON ROLE AU COURS
DES SIÈCLES. — LA FEMME MONDAINE. — MOT DE
SALLUSTE. — VOTRE MARI EST-IL CHRÉTIEN? 104

MISSION DE LA FEMME CHRÉTIENNE

LETTRE XV

PHILOSOPHE SPIRITUALISTE. — DÉFÉRENCE EXTÉ-
RIEURE. — LA CROIX, L'ÉGLISE. — APPRÉHEN-
SIONS. — ÉCLECTISME. — L'HONNEUR — UN MA-
RIAGE CHRÉTIEN. — L'AMOUR CHRÉTIEN NE MEURT
PAS. — UNE RÉVÉLATION DE L'IMMORTALITÉ. —
UN MOT CHRÉTIEN............................ 111

DEVOIRS DE LA JEUNE FEMME

LETTRE XVI

PAS DE MARIVAUDAGE! — L'EXEMPLE. — LES MÉ-
LOMANES. — LA FOI DU CHARBONNIER. — LE

MONDE EST UN CHAMP CLOS. — IL NE FAUT PAS ÊTRE DÉSARMÉ. — ASSASSINAT MORAL. — LA MÈRE QUI NE PEUT DÉFENDRE SES ENFANTS. — INDIFFÉRENCE COUPABLE. — UNE CHRÉTIENNE SANS PEUR.............................. 126

DROITS DE LA FEMME

LETTRE XVII

ÉGALITÉ CIVILE DE LA FEMME. — LA FEMME NOTAIRE, HUISSIER, PROCUREUR, ETC. — L'ENFANT DEVANT LE DIVORCE. — LE DROIT AU BONHEUR. — DROIT A LA FIDÉLITÉ. — CE QU'EN DIT L'É-CRITURE. — CE QU'EN DISENT LA RAISON, LE CŒUR, L'ÉQUITÉ, ETC. — LE BAGNE AU FOYER. — DROIT AU RESPECT. — LA FEMME EST GRANDE. — RESPECT DE DIEU POUR LA FEMME. — DROIT A LA PROTECTION. L'ANNEAU DE SAINT LOUIS. 135

DROITS DE LA FEMME

LETTRE XVIII

LA VERTU, MÉTIER DE DUPE. — LE VÉRITABLE MILIEU DE L'AME HUMAINE. — L'AME EST DÉ-PAYSÉE. — FRIVOLITÉ DES HOMMES. — MORA-LISTÉS EN THÉORIE. — LA FEMME SÉRIEUSE DANS LE MONDE. LA FEMME EST UNE CHOSE. 144

VERTUS INDISPENSABLES A L'APOSTO-LAT DE LA JEUNE FEMME.

LETTRE XIX

LE RÈGNE AU FOYER. — UN ATTRAIT VAINQUEUR.— LES FEMMES QUI SE CANONISENT. — UNE DÉSES-PÉRÉE. — COMPTEZ VOS VICTOIRES. — UNE PAGE DE PAUL FÉVAL. — « NUL NE FERA LE BIEN QUE NOUS ET NOS AMIS. » — DÉVOTION AU DIRECTEUR. — DÉVOTION AU CURÉ DE LA PAROISSE......... 150

PIÉTÉ SES CARACTÈRES.

LETTRE XX

LA DÉVOTION DES SOTS. — UN VOISIN TROP AUS-TÈRE. — DÉVOTION ACARIATRE. —PIÉTÉ AIMABLE AIMABLE. — LA DOUCEUR. — COMMENT LA DÉFI-NIT BOSSUET. — L'IMPATIENCE EST UNE FAIBLESSE, UNE JUSTICE, UN RIDICULE. — LE SECRET DE S'EN-TENDRE AVEC TOUT LE MONDE. — LA PLUS SANC-TIFIANTE DE VERTUS. — DIEU AIME LA DOUCEUR. POURQUOI ?.............................. 163

AVANTAGES DE LA DOUCEUR

LETTRE XXI

CE QUI A FAIT LES HÉROS. — ETRE AIMÉ POUR SOI-MEME. — UNE FABLE DE LAFONTAINE. — CONDUITE DE DIEU A L'ÉGARD DU MONDE. —

LE DIEU DU SINAI. — LE DIEU DU CALVAIRE.
BIENVEILLANCE. — COMMENT ON L'AIME. —
PRÉVENANCE. — AFFABIBILITÉ. — LA BESACE. —
JALOUSIE. — SUSCEPTIBILITÉ. —........ 174

AVANTAGES DE LA DOUCEUR

LETTRE XXII

DIVORCE A PROPOS D'UNE PERRUCHE. — UN AR-
CHÉOLOGUE PERDU. — CHARMANT BILLET. —
TOUT S'EXPLIQUE........................ 184

NÉCESSITÉ D'UN RÉGLEMENT

LETTRE XXIII

BON EMPLOI DU TEMPS. — L'HEURE DU RÉVEIL. —
DU EEMPS POUR TOUT. — LE RESSORT CACHÉ,
UNE SEULE RÈGLE INVIOLABLE. — QUITTER DIEU
POUR DIEU. — OUVRAGES DE FEMME. — POR-
TRAIT TRACÉ PAR L'ESPRIT-SAINT. — LE PRIX
DU TEMPS........................... 196

TROISIÈME PARTIE

DEVOIRS DE LA JEUNE MÈRE

LETTRE XXIV

MÈRE! — L'INSTINCT. — L'AMOUR DE L'AME. — AMOUR PAIEN. — INFLUENCE DE LA PREMIÈRE HEURE. — UN ANGE OUUNS AINT!.................. 207

DEVOIRS DE LA JEUNE FEMME

LETTRE XXV

RÉVÉLATION D'UNE DESTINÉE SURNATURELLE — BEAUTÉ DE L'ENFANT. — JOIES DE LA MÈRE. — UNE LOI DE LA PROVIDENCE............... 210

DEVOIRS DE LA JEUNE MÈRE

LETTRE XXVI

LA MODE. — NOS AIEULES. — FAUT-IL LES BLAMER? — LA SANTÉ ET L'AVENIR DE L'ENFANT. — LES POUPÉES. — BÉBÉS ARTIFICIELS. — UNE AME HONNÊTE.................... 215

DEVOIRS DE LA JEUNE MÈRE

LETTRE XXVII

ENSORCELÉE! — BIENHEUREUX ACCROC! — AU MIROIR.
— AUTRE ÉCUEIL. — LE CHER PAPA. — IL S'ES-
QUIVE! — BONNE D'ENFANTS! — SURPRISE. —
BATAILLE GAGNÉE. — LE MOT DU VÉRITABLE
AMOUR.... 220

LA MÈRE INSTITUTRICE

LETTRE XXVIII

LA TYRANNIE DE BÉBÉ — AUTREFOIS — AUJOUR-
D'HUI — LA VIEILLESSE ET L'ENFANCE — DOUCE
FERMETÉ, FERME DOUCEUR — UN CONSEIL DE MI-
CHELET — LA ROSÉE DES LARMES........ 228

LA MÈRE INSTITUTRICE

LETTRE XXIX

APRÈS CINQ ANS D'ABSENCE — TROIS PETITS IN-
CONNUS — « PARTIR ENSEMBLE. » — LA NOSTALGIE
DU CIEL — LE PETIT DÉMON CHÉRI... ET GÂTÉ! 234

LA MÈRE INSTITUTRICE

LETTRE XXX

SECONDE MATERNITÉ. — L'ŒUVRE DU CŒUR. — BUT DE L'ÉDUCATION. — RÈGLE A SUIVRE. — LE STATUAIRE. — LA PETITE ÉGLISE. — L'ÉVÊQUE. — LE MOT D'UN SCÉLÉRAT. — LA PENSÉE DE L'ÉGLISE ET DES SAINTS. — SONNET D'UN FÉLIBRE... 238

LETTRE XXXI

EVEQUE SCHISMATIQUE. LE SYMBOLE DE L'HONNEUR. — HYGIÈNE. — LA PRIÈRE. — PETITE MÈRE PLEURE. — CETTE AME NOUS ÉCHAPPE !... 251

LETTRE XXXII

LES ATHÉES DE QUINZE ANS. — PATERNITÉS INFIDÈLES: LA FAMILLE, L'ÉCOLE, LA PATRIE. — LA VIE EXTÉRIEURE, LA VIE SOCIALE, LA VIE PUBLIQUE. — LA MÈRE CHRÉTIENNE. — SAUVEGARDE DES MŒURS. — TRADITION RELIGIEUSE DE LA FAMILLE. — LA VOIX D'UN ANGE. — UN TEXTE DE VOLTAIRE. — D'ALEMBERT CATÉCHISTE. — OPINION D'UN PHILOSOPHE. — PIÉTÉ DE COMBAT: ÉCLAIRÉE, COURAGEUSE, CONCILIATRICE.... 255

UN ORAGE DANS LE DÉPARTEMENT DE L'INTÉRIEUR

LETTRE XXXIII

LA CAMPAGNE — BUCOLISME. — GENTILSHOMMES ET GENTILLATRES. — APRÈS HUIT JOURS D'ENNUI. — PROGRAMME. — RÉSERVE ESSENTIELLE. — PETITE GUERRE. — CORRESPONDANCE. — UN PORTRAIT.......................... 266

LETTRE XXXIV

PAS DE SCÈNES.. 271

LETTRE XXXV

« JE ME SUIS PERDUE ! » . — OZART. — « SOMMES-NOUS AMIS ? « J'AIME MIEUX CELA » — DOUX TABLEAU. — MAMAN NOUNOU. — DE JOLIS PANTINS. — « VOUS ME LES CASSERIEZ. » — REVIREMENT CRUEL............................. 272

LETTRE XXXVI

AGE TACTIQUE. — L'AMOUR-PROPRE. — UN PASSAGE DE NAPOLINE. — LE MOUVEMENT NATUREL ET

SURNATUREL. — EN SPECTACLE. — ON RIT DU
MALADROIT. — QUELLE EST LA PLUS MALHEU-
REUSE? — ORGUEIL MASCULIN. — LA LOI DU
TALION. — L'ESTIME. — L'ESPRIT DE FOI. — LA
RANÇON D'UNE AME. — AIMER SEULE!..... 279

LETTRE XXXVII

ACCIDENT. — REPENTIR. — LE SALUT, MAIS A
QUEL PRIX!........................... 285

QUATRIÈME PARTIE

LA MÈRE INSTITUTRICE

LETTRE XXXVIII

LES PETITS PRODIGES. — AUTOMATES ET PERROQUETS
— LES PETITS HIBOUX. — LES PETITS PAONS.
— VANITÉ DES VALETS. — ORGUEIL DE LA RI-
CHESSE. — LOUANGES. — DÉTESTABLE MANIE.

— PRINCIPAL MOYEN D'ÉDUCATION. — LE SINGE DE LAFONTAINE. — UN MOT D'ENFANT. — LES BOBOS — DIFFÉRENCE DES CARACTÈRES. — DEUX PETITES JEANNE.............................. 289

LETTRE XXXIX

UN SOUVENIR DE LAMARTINE — UN MOT DE M. DE MAISTRE. — QUESTIONS IMPROMPTUES. — LA NOTION DU DEVOIR. — PETITES EXPÉRIENCES. — LA BONTÉ. — LE SOIN DE PLAIRE. — L'AMOUR DU PAUVRE. — L'ORGUEIL DE LA RICHESSE. — « JE NE PUIS ALLER LA, MOI. » — « IL A MANGÉ COMME EUX, LUI. » — LE DEVOIR DE L'AUMONE. — MAUVAIS PRÉTEXTES........ 300

LETTRE XL

L'IMAGINATION — SA PUISSANCE. — LA FOLLE DU LOGIS — VOYAGE AU PAYS DES CHIMÈRES. — DANGER DES BONS ROMANS. — LA VERTU SUR DES ROULETTES — LE MONDE IMAGINAIRE ET LA VIE RÉELLE. — WALTER SCOTT, PAUL FÉVAL — LA MUSIQUE. — LETTRE D'UNE MÉNAGÈRE. — LA FÉE DE CENDRILLON ET SA BAGUETTE MAGIQUE — CETTE BONNE FÉE EXISTE..................... 309

LETTRE LXI

CHARLES SE MEURT !................ 316

LETTRE XLII

LE FIAT DU VÉRITABLE AMOUR............. 317

LETTRE XXXXIII

« IL N'EST PLUS. » — DERNIER COLLOQUE. — IN-VINCIBLE ESPÉRANCE............... 319

NOTES RELTIVES A L'ÉDUCATION DE MRIE

LETTRE XLIV

1º L'ÉDUCATION DANS LA FAMILLE. — OPINION DE M. V. DELAPRADE. LE CHIEN DE LA MAISON. — UN MOT DE FILLETTE. 2º AFFÉTERIF. — SIMPLICITÉ. LES DAMES QUI SAUTILLENT. — LES DAMES QUI NASILLENT, ETC. — 3º BIENVEILLANCE. — IRONIE. 4º POLITESSE. — PRÉJUGÉS MONDAINS. — LA PO-LITESSE A DES DEGRÈS. — IL FAUT POURTANT QU'ELLE SOIT ÉGALE. — LE CODE DES VANITEUX. — 5º APLOMB. — MODESTIE. — LA FEMME EXQUISE............ 322

LETTRE XLV

LA SŒUR ET LE FRÈRE INCERTITUDE MATERNELLE 333

LETTRE XLVI

LA JEUNESSE. — SA PUISSANCE. — UNE IMAGE DES ANCIENS. — HORACE. — SÉNÈQUE. — APOSTOLAT DE L'EXEMPLE, DE LA PAROLE, DE LA CHARITÉ. — FRÉDÉRIC OZANAM. — L'ESPRIT D'INDÉPENDANCE. — LICENCE ET LIBERTÉ. — TROIS AUTORITÉS SACRÉES : L'ÉGLISE, LA FAMILLE, LA PATRIE. — DEUX MOTS DE MONTALEMBERT........................ 335

LETTRE XXXXVII.

DOCTEUR! ON DIRAIT UN PERSONNAGE....... .342

MISSION DU JEUNE HOMME DANS LE MONDE

LETTRE XVLI

LA DISCIPLINE. — L'ÉCOLE DE JEAN-JACQUES ROUS-SEAU — JUGEMENT DES ANCIENS — CE QUE DIT ST.-PAUL — LOI DU TRAVAIL — L'ÉTUDE CON-

SIDÉRÉE AU POINT DE VUE PHILOSOPHIQUE. —
SA NÉCESSITÉ AU POINT DE VUE RELIGIEUX ET SO-
CIAL.—ARNAND D'ANDILLY — SCIPION — LES INU-
TILES. — 344

L'ESPRIT DE FAMILLE

LETTRE XXXXIX

ENTRÉE DANS LE MONDE. — DANGERS. — COUPABLES
MAXIMES. — L'ANTIQUITÉ PLUS SAGE. — UN EN-
FANT ABANDONNÉ.. 350

LETTRE L

LA FLEUR AU PAPILLON. TRISTE PRESSENTIMENT 355

LETTRE LI

L'EXEMPLE DU PÈRE, PAYER DE SA VIE? OH NON 358

LETTRE LII

UN VŒU. —. DOUBLE JOIE. — ENTRE DEUX SACRI-
FICES... 362

LETTRE LIII

ECRIVAIN. — ORATEUR. — DEUX SUCCÈS. — « TOI
AUSSI, SOIS HEUREUX. »................. 365

FIN DE LA TABLE